Tutto è temporaneo

Tutto è temporaneo

Piccoli impulsi per una vita più leggera

Mario Lopez

Colophon

Tutto è temporaneo
Piccoli impulsi per una vita più leggera
L'edizione originale di questo libro è *„Alles ist temporär"*

Autore: Mario Lopez
Editore: ML Publishing
Margarethenstr. 7, 47226 Duisburg

Web: www.ml-publishing.com
Email: book@ml-publishing.com

1ª edizione 2026
ISBN: 978-3-912373-31-8
Progetto grafico di copertina: Mico Lopez

Indice

Qualche parola prima

Questo libro è per te.

Parla di cose che possono toccare tutti noi: perdita, dolore, paura, ma anche speranza, nuovi inizi e quei piccoli momenti che ci rimettono in piedi.

Non scrivo per sembrare intelligente. Scrivo perché ho vissuto sulla mia pelle quanto velocemente tutto può cambiare. Pensi di avere tutto sotto controllo, e poi la vita arriva e ti mostra il contrario.

Il pensiero più importante di questo libro è semplice: tutto è temporaneo. Quello che ti pesa adesso non resta per sempre. Quello che ti fa paura non resterà per sempre sopra di te. E anche la tristezza non ha l'ultima parola. Non rimane come è adesso. E proprio questo può aiutarci ad andare avanti.

Ma non vale solo per i momenti difficili. Anche il bello non dura per sempre. I momenti belli passano, la felicità va e viene. E proprio per questo non dovremmo ignorarli, non rimandarli, non dire "lo farò un giorno". Se adesso va bene, allora goditelo. Respira questo momento. Sii presente. Perché anche questo attimo passa.

Leggi questo libro con calma. Magari un capitolo al giorno. Prendi quello che ti serve. E se ti fermi su una frase, va benissimo.

Ti auguro che in queste pagine tu trovi qualcosa che ti faccia respirare più leggero.

Introduzione

Tutto è temporaneo. Tre parole semplici, eppure dentro c'è più verità di quanto molti vogliano ammettere. Niente resta come è: non il dolore, non la gioia, non la vita stessa. Tutto cambia. E proprio lì, dentro questo, c'è anche un senso.

Questo libro non è un manuale che ti dice come devi vivere. È più un compagno di strada: onesto, semplice, umano. Contiene pensieri ed esperienze di una vita vera. Alcune cose sono state belle, altre dolorose. Ma tutte avevano qualcosa in comune: mi hanno mostrato che anche ciò che sembra infinito, a un certo punto passa.

Questo libro non è nato perché ormai ho capito tutto. È nato perché la vita ti insegna molto. A volte piano, a volte in modo duro. Le persone arrivano e se ne vanno. I tempi cambiano. E perfino i momenti che ci segnano di più non restano per sempre.

Per chi è questo libro? Per chi pensa troppo. Per chi prende la vita troppo sul serio. Per chi si preoccupa, dubita e spesso non sa dove mettere i propri pensieri. Per chi vuole imparare a lasciare andare. Per chi vuole vivere di più il presente. E anche per chi sta attraversando un periodo difficile e ha bisogno, magari, solo di un piccolo appoggio.

Nella vita spesso cerchiamo di trattenere tutto: persone, successi, momenti. Ma ogni cosa ha il suo tempo. E a volte lo capiamo solo quando è già finita.

La vita insegna pazienza. E ci ricorda sempre che niente dura per sempre, né il bello né il brutto.

Quando leggi questo libro, ti auguro di fermarti ogni tanto. Di capire che anche le fasi difficili passano. E di imparare a goderti di più i momenti belli. Perché ogni attimo, anche se piccolo, è unico e non torna.

E forse questo libro ti aiuta a prendere le cose un po' più leggere.

Perché alla fine resta sempre la stessa verità: tutto è temporaneo.

La prova più antica?

Quando pensiamo alla parola "temporaneo", spesso pensiamo prima di tutto alla nostra vita: ai cambiamenti, all'invecchiare, all'inizio e alla fine.

Ma cosa succede se allarghiamo lo sguardo? Molto di più. Così tanto, da vedere il quadro intero.

Gli studiosi ipotizzano che tutto sia iniziato circa 13,8 miliardi di anni fa, con il Big Bang. Un momento che è quasi impossibile immaginare. Da un apparente nulla sono nati spazio e tempo, energia e materia. E da allora l'universo continua ad espandersi.

Nascono galassie. Si muovono, si scontrano e cambiano. Nascono stelle, brillano per milioni di anni e poi si spengono. Persino il nostro Sole, che ogni giorno ci dà luce e calore, un giorno si spegnerà. Non oggi e non domani. Ma un giorno.

Anche pianeti, lune e buchi neri, alla fine, sono solo di passaggio. Nascono, cambiano e poi scompaiono.

Se lo capisci davvero, diventa chiaro una cosa: niente resta per sempre. Nemmeno le stelle. E forse nemmeno il tempo, così come lo conosciamo oggi.

E adesso metti questa cosa accanto alla nostra vita: l'aspettativa di vita media nel mondo è circa 73 anni, in molti paesi 80 o poco più. Paragonati a 13,8 miliardi di anni, una vita umana è quasi niente. In percentuale, un'intera vita è circa 0,0000005% dell'esistenza dell'universo finora. Un puntino, così piccolo che quasi non lo vedi.

Eppure, prendiamo la nostra breve esistenza terribilmente sul serio. Ci arrabbiamo, litighiamo, combattiamo come se tutto dovesse durare per sempre. Ma siamo solo ospiti per poco. Una tappa minuscola.

Per questo vale la pena usare bene questo tempo: vivere, amare, ridere, sentire. E non rendere tutto così pesante. Soprattutto non essere duro con te stesso. Perché anche le preoccupazioni più grandi, un giorno, diventano più silenziose. Sbiadiscono, come una stella la cui luce ci raggiunge ancora, anche se quella stella non esiste già più.

Forse è proprio questa la prova più antica: **tutto è temporaneo**. Niente resta come era. Nemmeno l'universo stesso. E forse proprio lì sta la bellezza: siamo parte di qualcosa di enorme. Brevi, fragili, eppure vivi.

Carpe Diem – anche questo giorno è temporaneo

Suona forte. Molti lo hanno come frase appesa al muro. Eppure, spesso viviamo proprio al contrario. La giornata scorre, noi funzioniamo, e già pensiamo a domani, mentre oggi non è nemmeno iniziato davvero.

Qualche tempo fa abbiamo festeggiato il diciannovesimo compleanno di mio figlio. Poco prima si era trasferito, perché voleva studiare. C'era orgoglio. C'era gioia. E poi quel sentimento leggero che si infila in mezzo: è già finito di nuovo qualcosa. Un altro capitolo.

C'erano anche i miei due figli più grandi. Li guardavo e mi sono accorto: questo è uno di quei momenti che non puoi trattenere, ma che non devi perdere. Per loro inizia una nuova strada, e per me anche. La giornata era bella, abbiamo riso, parlato, ricordato, e proprio per questo era "pericolosa", perché questi attimi passano in fretta, senza che te ne accorgi.

E poi è successo: la mia testa è andata via. Uno sguardo fuori dalla finestra, la garage mezza fatta, e zac: pianificare, calcolare, prossimi passi, materiale, tempo. Poi l'auto in leasing, pensiero successivo: presto serve una sostituta, contratto, scadenze, burocrazia.

E all'improvviso sono arrivati anche i piccoli pensieri, le cose che "devo fare al volo". La testa piena, il momento sparito. Dentro di me ha fatto click: Stop. Smettila.

Sei seduto in un attimo felice, con persone che contano, e non ci sei nemmeno davvero. Solo con il corpo. Il resto è già altrove.

Più tardi, la Dr. Ramona Lorenz mi ha mandato un pensiero su questo. Lei viene dalla ricerca educativa e si occupa molto di come relazione, attenzione e presenza vera agiscono nella vita di tutti i giorni.

"Un pensiero ancora, che per me era molto presente mentre leggevo: l'essere consapevolmente presenti nel momento è spesso proprio ciò che rende buone le relazioni con gli altri. Se un bambino capisce che uno è presente solo fisicamente, la relazione ne risente, e col tempo ci si può allontanare. Penso che i bambini lo percepiscano in modo particolarmente sensibile, ma vale anche per le altre persone nella vita." Dr. Ramona Lorenz

Perché lo facciamo? Perché è così difficile essere semplicemente qui? Viviamo nello specchietto retrovisore o nel calendario, in ieri o in domani, e intanto non vediamo l'unica cosa che è vera: adesso.

Ho respirato a fondo e mi sono riportato indietro. Non più tardi, adesso. Resta qui. Proprio qui. E poi il momento è tornato: calore, risate, vicinanza, quella sensazione che in questo istante va tutto bene, senza dover fare nulla.

A volte la vita è proprio questo: un segnale interno che dice: svegliati. Resta qui. Perché quello che viviamo oggi, domani è già un ricordo. E ogni ricordo inizia con un "adesso" vissuto.

Usa questo giorno.

Tutto è temporaneo

Non prenderla così pesante, perché tutto è temporaneo

Spesso ci rendiamo la vita più difficile di quanto debba essere. Ci arrabbiamo per cose che non possiamo cambiare, restiamo attaccati a preoccupazioni, rabbia o delusione, come se dovessimo trattenerle, eppure la verità è semplice: niente resta.

Tutto è in movimento, oggi così, domani diverso. A volte una lite sembra come una crepa che non si richiude più, un errore come un timbro sulla fronte, una delusione come una pietra nello stomaco, ma non è un'eternità, è una fase, e passa.
Gonfiamo le piccole cose finché ci tolgono il respiro, una parola sbagliata, uno sguardo, un momento che non va secondo i piani. In quell'istante sembra enorme, quasi insormontabile, e poi guardi indietro e pensi: Davvero, per questo ho bruciato così tanta energia. La vita diventa più leggera quando riesci, dentro di te, a fare un passo indietro. Non tutto ciò che accade deve travolgerti, non tutto merita la tua piena attenzione. A volte basta un respiro e una frase che ti riporta indietro:

Anche questo passerà. La calma non significa che tutto ti sia indifferente. La calma significa: decidi tu che cosa è importante, e molte cose non lo sono. «Quando se ne diventa consapevoli, in quel momento si ha anche uno strumento per gestire la situazione. Ciò che è temporaneo diventa qui un segnale che mette ordine: che cosa vale la pena di concedere tempo ed energia e che cosa no.» Citazione Dr. Ramona Lorenz.

Oggi un problema sembra grande, domani è solo una storia, dopodomani magari qualcosa su cui persino sorridi. Prendi la vita con più leggerezza. Gli errori sono normali, anche le battute d'arresto. Non sono indifferenti, ma non sono nemmeno la fine.

Puoi imparare da essi, puoi crescere grazie a essi, eppure vale sempre: non distruggerti per questo. È successo, te lo porti dietro, e poi vai avanti, come le onde: per un attimo vieni scosso, e poi torna di nuovo la calma. Alla fine, non conta ciò che ti ha fatto uscire per un attimo dal ritmo, conta che tu continui ad andare avanti.

Tutto è temporaneo.

La morte

Avevo sei anni quando morì mia madre. Rimase uccisa in un incidente stradale; l'incidente avvenne mentre stava portando mio padre al lavoro. Mio padre, che lavorava come manovratore per le ferrovie, tornò a casa allora coperto di sangue.

Lui era sopravvissuto all'incidente, lei no. Un camion le aveva tagliato la strada. Ricordo ancora l'agitazione che entrò all'improvviso nella nostra vita e, allo stesso tempo, il silenzio. Vicini e amici cercarono di consolarci, portarono cioccolata per fare qualcosa di buono per noi bambini.

Se in quel momento abbia aiutato, oggi non lo so più; credo che fosse semplicemente troppo, per capire che cosa fosse successo. Mio padre si ritrovò improvvisamente da solo, con quattro figli. Fece di tutto perché la quotidianità andasse avanti, ma il vuoto che mia madre lasciò non poteva colmarlo nessuno.

Ricordo serate in cui sedeva al tavolo della cucina, in silenzio, stanco, sfinito, eppure presente. Faceva del suo meglio e non lasciava mai trasparire debolezza.

Allora non riuscivo a dare un senso a quella perdita. Avevo paura e non sapevo come sarebbe andata avanti. Per un bambino la morte è incomprensibile: si avverte soltanto che manca qualcosa che non tornerà mai più.

Se allora qualcuno mi avesse spiegato, in modo adatto alla mia età: «Questo dolore non è infinito, come tutto nella vita è temporaneo», forse mi avrebbe aiutato a gestire meglio la situazione, ma nessuno me lo disse.

Oggi, molti anni dopo, vedo quel momento come parte della mia vita, come l'inizio di qualcosa che mi ha segnato. Ho imparato che anche la cosa peggiore, con il tempo, cambia. Si va avanti, si ricorda, e si impara a vivere con il ricordo. Mia moglie Silvina ha una frase che mi è rimasta impressa: il dolore non se ne va mai del tutto, ma cambia i suoi colori, le sue sfumature. Ed è esattamente così che l'ho vissuto.

Persino il dolore più profondo è temporaneo, come tutto nella vita.

Senti il dolore

Il dolore fa parte della vita, che lo vogliamo o no. Ci colpisce nelle forme più diverse, fisiche, emotive, attraverso perdite, delusioni o addii; a volte si annuncia, a volte arriva all'improvviso, ci fa deragliare e ci fa credere che nulla sarà più come prima.

Ma il dolore non resta mai uguale. Cambia, come tutto nella vita. All'inizio è forte, bruciante e difficile da sopportare; con il tempo diventa più silenzioso, perde la sua durezza, si trasforma in ricordo, e a volte da quel ricordo nasce persino gratitudine.

Molte persone cercano di evitare il dolore. Si distraggono, reprimono, fuggono nel lavoro o in una distrazione continua, ma il dolore vuole essere sentito, altrimenti resta. È come un ospite che può andarsene solo quando lo riconosci, quando lo lasci entrare, lo ascolti e capisci che cosa vuole dirti.

Nel corso della mia vita ho imparato che il tentativo di soffocare il dolore spesso lo rende soltanto più forte. Chi invece lo accoglie consapevolmente, chi lo sente senza lasciarsi inghiottire, con il tempo diventa più libero. Il dolore ci cambia. Ci mostra che cosa conta davvero per noi, che cosa amiamo, di che cosa abbiamo bisogno e di che cosano. Ci costringe a guardare, e a volte è proprio questo il suo senso.

Quindi, la prossima volta che soffri, quando qualcosa ti colpisce e ti scuote nel profondo, ricordati: non devi combatterlo, questo dolore; puoi sentirlo, perché anche lui non dura per sempre. Diventerà più silenzioso, ti darà una nuova forza, e un giorno guarderai indietro e potrai dire: ce l'ho fatta. **Senti il dolore, ma sappi: è temporaneo.**

Arrendersi non è un'opzione

Molti dei miei allievi conoscono questa frase da me: «Arrendersi non è un'opzione.» È appesa grande, in caratteri cinesi, sulla parete della nostra scuola, non perché suoni bene, ma perché è pensata sul serio.

Quando viene detta in allenamento, non è per fare pressione, ma come promemoria: la forza non comincia nei muscoli, ma nella testa. Arrendersi non è automaticamente debolezza, ma continuare a provarci forma il carattere.

Soprattutto nell'allenamento di resistenza o negli esercizi che sembrano interminabili, lo si vede molto chiaramente. Alcuni tracciano dentro di sé un limite, altri fanno un passo oltre. Ci sono momenti in cui si capisce esattamente quando qualcuno pensa: Non ce la faccio più. E proprio allora arriva questa frase: «Arrendersi non è un'opzione.»

Spesso basta già. All'improvviso cambia l'atteggiamento, il respiro diventa più calmo, torna la forza, non perché la stanchezza sia sparita, ma perché la volontà diventa più forte. Quel momento, quando qualcuno va oltre se stesso, non ha prezzo, non solo nello sport, ma nella vita.

Perché alla fine raramente è solo il talento a decidere. Molto più spesso è la perseveranza. Quante gare sono state decise nel proverbiale ultimo secondo? Innumerevoli. Che sia in una maratona, nel calcio, in un esame di guida, in una formazione o all'università, alla fine spesso vince chi non si ferma.

Il successo a volte ha a che fare con la fortuna, ma quasi sempre con la decisione di andare avanti. Nella vita quotidiana non è diverso. Nel lavoro, nelle relazioni o nei propri obiettivi, prima o poi tutti incontrano dei limiti. A volte si fallisce, a volte si dubita, e a volte si vuole semplicemente smettere. Ma chi impara ad andare avanti anche allora diventa più forte di ogni battuta d'arresto, perché la fatica, il dolore e lo sfinimento non sono per sempre.

A volte continuare non significa «tirare dritto a qualunque costo». A volte significa: fermarsi un attimo, respirare, ricominciare. E a volte, in un momento così, ci si accorge che l'obiettivo era stato scelto male o non si adatta più alla vita.

Allora non è arrendersi, è un aggiustamento intelligente, ma non arrendersi. A volte ci vogliono giorni, a volte settimane o mesi, a volte anche anni. Ma niente resta uguale per sempre.

Ciò che resta è il ricordo di non aver mollato. Si sente come una vittoria silenziosa, non rumorosa, non vanagloriosa, ma ti accompagna a lungo. Questo principio l'ho vissuto spesso, in allenamento, nella quotidianità, mentre scrivevo i miei libri e in progetti che hanno richiesto più forza di quanto si veda dall'esterno.

E ogni volta che ero sul punto di buttare tutto all'aria, quella frase riaffiorava: «Arrendersi non è un'opzione.» Mi accompagna come un insegnante tranquillo. Ricorda che nulla è permanente, né lo sforzo, né il dolore, né i dubbi. Tutto è temporaneo.

Ma ciò che nasce quando si resiste, resta, ed è proprio per questo che vale la pena rialzarsi, ancora e ancora. Solo chi continua può crescere.

Per quanto a volte sia difficile, questo momento è temporaneo.

I miei anni di scuola come figlio di lavoratori immigrati

Dopo la morte di mia madre ci trasferimmo a Duisburg -Hohenbudberg, in un quartiere ferroviario; mio padre lavorava lì come manovratore per le ferrovie. Era uno dei tanti cosiddetti lavoratori immigrati che arrivarono in Germania all'inizio degli anni Sessanta. I miei due fratelli maggiori nacquero ancora nel sud della Spagna, io stesso sono nato a Rheinhausen, oggi Duisburg Rheinhausen. Dopo la scuola elementare avrei dovuto, come era usuale allora, andare alla scuola più vicina: la Hauptschule (un tipo di scuola secondaria in Germania). Già il primo giorno mi accorsi di essere diverso, non solo nell'aspetto, ma anche nel nome, e soprattutto agli occhi degli altri. Per molti ero lo straniero. Questa parola non veniva sempre detta apertamente, ma la si percepiva: negli sguardi, durante le pause, nei piccoli commenti.

Ero l'unico nella mia classe con un nome spagnolo: Mario Lopez. In quel periodo dovetti imparare ad affermarmi. C'erano giorni in cui le parole non bastavano, in cui bisognava difendersi, senza grandi spiegazioni.

In realtà volevo solo appartenere, ma non era affatto così semplice. Ricordo molti pomeriggi in cui tornavo a casa pensando: Quando finirà finalmente la scuola, sempre queste lotte, questi attriti, questo dover essere forte. Sembrava interminabile.

Oggi lo so: era una fase, dura e istruttiva. Se allora un insegnante mi avesse detto: Tutto è temporaneo, questo periodo passerà, guardiamo insieme come puoi trarne il meglio, forse alcune cose mi sarebbero sembrate più leggere.

Ma non c'era niente del genere. Allora non si parlava di queste cose, ed è proprio per questo che scrivo questo libro. Vuole dare coraggio a resistere, anche quando è difficile, perché anche i tempi difficili cambiano, anche loro passano. Oggi vedo quegli anni di scuola come una delle mie scuole di vita più importanti. Mi hanno insegnato a essere forte e a farmi valere.

Ho imparato che l'accettazione non viene sempre regalata; a volte bisogna guadagnarsela, a volte persino conquistarsela. E la cosa più importante: anche se allora fu duro, era solo un capitolo, un periodo, una delle tante fasi che sarebbero ancora arrivate.

Tutto è temporaneo.

Anche questo passerà

Quante volte ci rendiamo la vita difficile da soli, rimuginiamo, dubitiamo, abbiamo paura, e alla fine ciò di cui temiamo non accade, il più delle volte, affatto.

Giriamo in tondo nella testa, ci mettiamo da soli pietre sul cammino e intanto dimentichiamo di vivere. Penso a situazioni in cui mi sono arrabbiato per sciocchezze: un appuntamento mancato, una parola sbagliata, una bolletta arrivata all'improvviso.

In quel momento sembrava enorme, come se tutto stesse per crollare, e pochi giorni dopo non era già più importante. Allora mi chiedevo: Perché mi sono fatto così tanti pensieri?

Molte preoccupazioni sono come nuvole scure. Sembrano minacciose, ma spesso passano oltre senza che piova davvero, e quando lo capisci, molte cose diventano più leggere.

A volte si sente dire che il 96 per cento delle nostre preoccupazioni non si avvera mai. Che sia proprio questa la cifra esatta o no, l'idea dietro è vera: diamo troppo spazio a certe paure, le alimentiamo con tempo, energia e notti insonni. Ci preoccupiamo di ammalarci, ci preoccupiamo che i soldi non bastino, abbiamo paura di perdere il partner o il lavoro, e poi ci si chiede onestamente:

Quanto spesso succede davvero? Non così spesso. E se succede, quasi sempre troviamo una strada, magari non subito, magari non perfettamente, ma in qualche modo si va avanti. Oggi lo so: molte cose che oggi ci pesano domani hanno già meno peso.

Alcune cose si risolvono da sole col tempo, e anche le fasi difficili non durano per sempre. Allora non tormentarti con ciò che non puoi cambiare. Abbi fiducia che tutto ciò che accade ha il suo tempo e poi passa, perché nessun problema, nessuna paura, nessuna preoccupazione dura in eterno. **Tutto è temporaneo.**

Il macellaio

A quindici anni iniziai l'apprendistato da macellaio; allora si diceva ancora "Metzger". Il primo giorno mi è rimasto impresso, come se fosse stato ieri.

Al mattino ero nella sala delle salsicce. Davanti a me una grande vasca metallica, come una vasca da bagno su quattro gambe, piena di sangue, budella e cose che allora mi erano estranee e che avrei preferito restassero estranee.

L'odore era pesante, acre, quasi insopportabile. Con cautela arrivò la domanda se ci fosse un'impastatrice o qualcosa con cui mescolare il tutto. La risposta fu secca: «Rimboccati le maniche. Usi le tue braccia.» Bastò uno sguardo al volto del garzone.

Non era una battuta, era serio. E allora si partì. Quella roba calda e viscida mi risaliva sugli avambracci, mi veniva quasi da vomitare. Eppure, rimasi lì, non per sembrare forte, ma perché mio padre non doveva restare deluso. Cresceva quattro figli da solo, non c'era spazio per scuse.

Il laboratorio era freddo, il lavoro duro, il salario basso, ma la squadra era buona. Si rideva insieme, e proprio questo mi ha spesso tenuto in piedi. Col tempo arrivò la routine: l'uso del coltello, la gestione della pressione, la gestione degli odori, e anche la gestione di giorni che semplicemente non sono piacevoli.

La disciplina non era più teoria, ma quotidianità. Non c'era paghetta, quindi bisognava guadagnare soldi propri. Mollare non era un'opzione, quindi si andava avanti.

Allora non era chiaro a che cosa servisse. Oggi è chiaro: quegli anni hanno aiutato a reggere, più avanti nella vita. L'apprendistato fu duro, sì, ma ha plasmato. Col senno di poi non era solo lavoro, era crescita. Richiedeva forza di volontà, ma era importante. E come tutto nella vita, anche quello passò: la puzza, il freddo, la stanchezza, i giorni interminabili.

Mio fratello minore ancora oggi mi prende in giro per questo. Lo dice poi sorridendo: «Sono stati gli unici anni in cui hai lavorato davvero.» Poi si ride, e intanto è chiaro: quel periodo è finito da un pezzo.

Tutto è temporaneo.

L'illusione del controllo

Noi esseri umani abbiamo il bisogno di avere tutto sotto controllo. Pianifichiamo, organizziamo, pensiamo in anticipo, nella speranza che questo ci dia sicurezza, ma a essere sinceri, raramente abbiamo davvero il controllo in mano.

Crediamo di poter guidare la vita, ma spesso è la vita che guida noi. Facciamo piani, e la vita fa i suoi, e a volte va tutto diversamente da come ce lo eravamo immaginato, ed è proprio questo che ci toglie la calma.

Ricordo molte situazioni in cui pensavo: Va alla grande, e poi è arrivato qualcosa che non mi aspettavo, un evento imprevisto, una svolta, un momento che mi ha costretto a lasciare andare, a cadere, a rialzarmi e a continuare.

Forse è proprio questa la lezione: il controllo è un'illusione. Possiamo guidare il nostro comportamento, ma non il risultato. Possiamo prevenire e pianificare, ma la vita ha sempre l'ultima parola.

A volte penso a persone che si mettono pressione da sole, perché credono che tutto debba andare alla perfezione. Si aggrappano ai piani, alle idee, ai processi, e quando qualcosa va storto si sentono come se avessero fallito, eppure non hanno fallito.

Hanno solo dimenticato che non si può costringere la vita. Anch'io ho vissuto momenti in cui volevo trattenere cose che se n'erano già andate da tempo: relazioni, idee, progetti che semplicemente non funzionavano più.

Volevo salvarli, ripararli, perché credevo di poter influenzare il risultato, ma a un certo punto arrivò il momento in cui dovetti lasciare andare, così pensavo, anche perché era la cosa migliore per l'altra persona coinvolta.

Oggi lo so: a volte il meglio accade quando si smette di lottare, quando si accetta che la vita ha il suo piano. Il controllo è importante fino a un certo punto, ma dopo serve fiducia.

Perché anche questa sensazione di dover avere tutto sotto controllo è solo una fase, un'illusione che passa.

Come tutto, perché tutto è temporaneo.

Il furgone del cibo

Dopo l'apprendistato da macellaio doveva nascere qualcosa di mio, giovane, motivato, pieno di idee. Così arrivò il prestito dalla banca di fiducia, e poco dopo eccolo lì: un furgone del cibo.

Con quello iniziò la mia prima attività in proprio. A diciannove anni il furgone era a Friemersheim, un quartiere di Duisburg, nella piazza del mercato.

Patatine, salsiccia arrosto, currywurst, gyros, tutto ciò che era veloce e piaceva. Il furgone era semplice, ma era il mio orgoglio più grande. Per la prima volta c'era quella sensazione: ora cammino con le mie gambe, ora non decide più nessun altro.

L'apertura fu in inverno, un novembre gelido, alcuni giorni meno venti gradi. Al mattino stavo nel furgone, il respiro visibile, le dita mezze congelate, e fuori quasi nessuno voleva stare con quel tempo a mangiare in piedi.

Eppure, si andò avanti, con gioia, anche se l'inizio fu duro, e davvero: andò meglio. Col tempo arrivarono i clienti abituali. Molti volti divennero familiari, alla gente piaceva il cibo e anche il modo in cui ci si trattava, a volte una battuta sciolta, a volte un caffè offerto dalla casa.

Quel contatto con le persone era bello, e la sensazione di aver costruito qualcosa lo era ancora di più. Ma come spesso accade nella vita, andò diversamente. Una mattina trovai una lettera del Comune nella cassetta della posta: «Il vostro furgone del cibo non si integra nell'aspetto della città.»

Nero su bianco. Incredibile. Poco dopo il permesso di sostare non c'era più. Delusione, rabbia, smarrimento. Avevo dato tutto, e all'improvviso era finita. Nello stesso periodo arrivò la notizia successiva: la prima fidanzata fissa era incinta.

Diciannove e diciassette anni. Il momento era tutt'altro che ideale. Proprio allora iniziava l'attività in proprio, eppure era chiaro: Arrendersi non è un'opzione.

Ora serviva un reddito sicuro. Così il furgone del cibo andò via, a malincuore. Poi ricominciò il lavoro da operaio qualificato in una macelleria a Duisburg, presso l'azienda Massa, un passo indietro e allo stesso tempo uno in avanti.

Oggi, con questo ricordo, mi viene da sorridere. Quel periodo ha insegnato molto: responsabilità, coraggio, e anche che le battute d'arresto fanno parte del percorso.

Nulla resta com'è. A volte fa male, e a volte è proprio giusto così. Anche questa attività in proprio era temporanea, ma mi ha reso più forte. Ed è esattamente così che va bene.

Perché tutto è temporaneo.

Perdita e guadagno

Nella vita si perde molto: persone, cose, opportunità, sogni, eppure con ogni perdita nasce anche spazio, spazio per qualcosa di nuovo.

Spesso lo si capisce solo più tardi, quando si guarda indietro e ci si rende conto: proprio quel taglio doveva accadere perché qualcos'altro potesse diventare possibile. Nella mia vita c'è stato più di un momento che sembrava una fine. Allora c'erano orgoglio, motivazione, quella sensazione di stare finalmente in piedi con le proprie gambe.

Quando si dovette rinunciare al furgone del cibo, la delusione fu grande. Sembrava ingiusto, il futuro faceva paura, e nella testa c'era un solo pensiero: ora il sogno è finito.

Oggi è chiaro: non era una fine. Era un capitolo che doveva chiudersi perché potesse cominciarne uno nuovo. Più tardi arrivò il tentativo successivo, di nuovo attività in proprio, questa volta un videonoleggio VHS.

Furono comprati apparecchi e film, portati ai clienti, consegnati di persona. Andava bene, finché alcuni apparecchi si guastarono e certi clienti sparirono semplicemente con i film.

Ancora una battuta d'arresto, ancora una perdita. Allora pensavo: ho fallito di nuovo. Con il senno di poi, la cosa appare diversa. Si è guadagnato più di quanto allora fosse visibile: responsabilità, un migliore senso per i clienti, esperienza nel trattare con le persone, e soprattutto la capacità di non restare a terra dopo le delusioni.

Rialzarsi dopo una caduta rende più forti, non tutto in una volta, ma passo dopo passo. Perdere fa male, sì, ma senza perdita non c'è nemmeno cambiamento.

Ogni passo avanti significa lasciare qualcosa alle spalle, e a volte proprio ciò che si perde è ciò che ti trattiene.

Quando oggi guardo indietro, una cosa diventa chiara: da ogni perdita è nata crescita, non perché fosse pianificato, ma perché la vita lo ha richiesto.

Perché ogni perdita contiene anche un guadagno, perché tutto è temporaneo.

Il mio primo matrimonio

A quindici anni la conobbi. Lei ne aveva tredici. Eravamo giovani, innamorati e pensavamo che sarebbe durato per sempre, ma la vita raramente pensa in termini di “per sempre”. Quando arrivò la notizia della gravidanza, cambiò tutto.

Eppure, ci fu subito chiaro: questo bambino deve nascere. Negli anni Ottanta, per me da cattolico, era quasi inconcepibile crescere un figlio fuori dal matrimonio. Così decidemmo di sposarci. Lei era al quarto mese di gravidanza, e a me sembrava di essere abbastanza grande per portare una responsabilità. Il giorno in ospedale è presente ancora oggi.

Tredici ore in sala parto, esausti ma pieni d’orgoglio, poi eccolo lì, mio figlio, e all’improvviso fu chiaro: ora sono padre. Per quanto fosse bello quel momento, tanto difficile diventò il periodo dopo. Eravamo troppo giovani, troppo inesperti, e la responsabilità era più grande di quanto potessimo capire.

Volevamo essere buoni genitori. Amavamo nostro figlio. E poi, neppure quattro mesi dopo la nascita, arrivò la frase successiva: «Sono di nuovo incinta.» Senza parole, paura, sopraffazione, dubbi, tutto insieme.

Anche questa volta l’aborto non era un’opzione. Così prendemmo la decisione per il secondo figlio. Sarebbe stata una bambina. Volevamo essere forti e fare tutto nel modo giusto, ma la realtà fu più dura: due figli, pochi soldi, molta pressione, e sempre più litigi tra due genitori giovani e, a quanto pare, sopraffatti. Il matrimonio cominciò a sgretolarsi.

Si litigava spesso, troppo spesso, anche davanti ai bambini. Ancora oggi me ne dispiace. A un certo punto arrivò la decisione di andare via, non perché non ci fosse amore, ma perché c’era, e perché non volevo che i bambini soffrissero per i nostri conflitti. Fu una decisione difficile, ma a volte la distanza è l'unico modo per far tornare la pace.

Nostra figlia nacque due anni prima della separazione, una meravigliosa bambina, con la quale fino a oggi esiste un legame indissolubile. Con mio figlio il rapporto è stato spesso più difficile. Oscillava tra grande orgoglio e il pensiero: Perché fa questo?

Credo che non mi abbia mai perdonato del tutto di essere andato via allora. Eppure, c'è amore, e oggi c'è un contatto regolare. Ne sono molto felice. Quando guardo indietro, non vedo solo errori, vedo anche lezioni.

A ventun anni avevo due figli e già la sensazione di avere due esistenze alle spalle. Con lo sguardo di oggi era troppo presto per tutto questo. Fu un periodo pieno di turbolenze, ma anche pieno di vita.

Ha mostrato che l'amore da solo non basta, che la responsabilità pesa, e che a volte bisogna lasciare andare per non affondare. Questo matrimonio, per quanto breve sia stato, è stato un capitolo che ha lasciato il segno.

Tutto è temporaneo.

Un'esperienza che ha cambiato tutto.

Da adolescente ero spesso arrabbiato, con tutto e con tutti. Facile all'irritazione, facile da provocare, sempre con quella sensazione di essere trattato ingiustamente. Il giro di amici era in linea: rumoroso, irruento, impulsivo.

Pochi soldi, pochi piani, e quando si è giovani non si pensa al domani. Si cerca in qualche modo di cavarsela. A un certo punto arrivò una situazione che più tardi mi aprì gli occhi.

Finì in tribunale, per lesioni personali. La pena furono ore di lavoro socialmente utile, pietre per pavimentazione all'ospedale Johanniter, un febbraio gelido. Quel periodo cambiò tutto.

Quelle pietre fredde sono ancora oggi nella mia mente: le mani rosse per il freddo, nessuna persona familiare intorno a me, nessuna distrazione, solo lavoro e tempo.

Tempo per riflettere, tempo per pentirsi, tempo per capire. In una di quelle notti arrivò il giuramento: mai più. Mai più una situazione del genere, mai più un errore così, mai più una stupidaggine del genere.

Dopo quell'esperienza non ero più lo stesso. Qualcosa si era spostato. La rabbia all'improvviso non era più "cool".

La rabbia era semplicemente stupida. Doveva andare diversamente, per me, per mio padre, per la mia famiglia. Per fortuna anche i vecchi amici, più tardi, sono riusciti a rimettersi in carreggiata. Lavorare, andare avanti, niente idee stupide, non perché all'improvviso fosse tutto facile, ma perché diventò chiaro dove porta la strada sbagliata.

Quell'unica esperienza ha insegnato più di qualsiasi libro e di qualsiasi insegnante. Ha mostrato quanto in fretta si può scivolare, e che alla fine è uno solo a decidere se restare lì o cambiare rotta.

Oggi è chiaro: a volte serve uno shock per svegliarsi. E per quanto quel periodo sia sembrato terribile, alla fine ha salvato.

Tutto ciò che fa male può essere una lezione, e anche questo era solo temporaneo.

Il videonoleggio VHS

Nel periodo prima di TikTok, X, Facebook, YouTube, Insta, Netflix o dei programmi di AI c'erano le videocassette VHS, grandi cassette di plastica nere che venivano inserite nel videoregistratore per guardare un film.

In televisione c'erano tre canali: ARD, ZDF e WDR, e con un po' di fortuna se ne aggiungeva un quarto. Chi voleva più scelta andava in videoteca e prendeva i film in prestito.

I videoregistratori erano costosi, il noleggio era scomodo, documento, tessera, tutto come in una biblioteca, e se una cassetta fosse tornata in ritardo si sarebbero pagati costi di noleggio aggiuntivi.

A volte la multa alla fine era più cara della cassetta stessa. Allora venne un'idea: perché non portare i film direttamente a casa, e insieme anche il videoregistratore? Così nacque un piccolo servizio di consegna dei film. Forse era l'idea precoce di Lieferando. Solo una battuta.

Ma un po' devo sorridere anche io mentre lo scrivo qui. Fu acceso un prestito, furono comprati cinque videoregistratori, e insieme una selezione di film popolari.

Su settimanali locali come lo Stadtpanorama uscivano piccoli annunci. La sera, dopo il lavoro, si partiva. Una valigia in mano, l'apparecchio sotto il braccio.

I clienti chiamavano con il telefono a disco per fissare un appuntamento; i cellulari allora non esistevano ancora. All'inizio andò sorprendentemente bene. La gente era entusiasta perché poteva guardare film senza uscire di casa. Poi arrivarono i problemi.

Alcuni apparecchi si guastarono. Alcuni clienti si trasferirono e portarono via semplicemente film o videoregistratori. Altri all'improvviso non aprivano più o non rispondevano più davvero al telefono.

Dopo alcuni mesi, fu chiaro: questo modello non dura a lungo. Di nuovo soldi persi, di nuovo tempo investito, e di nuovo qualcosa imparato. Essere autonomi è tutt'altro che semplice.

Eppure, non era la fine del mondo. Quello che allora sembrava una grande battuta d'arresto, col senno di poi era solo una fase. In qualche modo c'era già questo atteggiamento: i soldi sono solo carta colorata.

Perché allora fare come se fossero tutto? Il desiderio di essere autonomo aveva un altro motivo: prendere decisioni proprie, responsabilità personale, non per via del denaro. A volte si perde qualcosa per guadagnare più tardi qualcos'altro: esperienza, forza, pazienza.

Questo tentativo è fallito, sì, ma le consapevolezze che ne sono nate hanno dato coraggio di continuare a rischiare qualcosa di nuovo. E così anche questo periodo fu solo una parte della mia vita. Allora sembrava enorme, oggi è chiaro: era più piccolo di quanto si fosse sentito.

Anche questa fase era temporanea.

Padre single

Nel 1992, dopo la riunificazione, conobbi la mia seconda moglie nel Brandeburgo, in un periodo in cui lavoravo come consulente patrimoniale sul territorio.

All'inizio molte cose combaciavano. Andavamo d'accordo, avevamo piani, sogni e idee simili sulla vita. Dopo il primo matrimonio fallito, il desiderio era forte di fare meglio questa volta, più maturi, più esperti, con la sensazione: dagli errori si è imparato. E in effetti, all'inizio molte cose andarono bene.

Ci costruimmo qualcosa insieme. Anche come padre doveva essere diverso: esserci di più, ascoltare di più, vivere con più consapevolezza, questo era il piano, e per un periodo funzionò anche. Ma con gli anni il rapporto cambiò.

Tra lavoro, quotidianità e doveri si perse la vicinanza; nessun grande scoppio, piuttosto un allontanarsi silenzioso, quasi impercettibile, finché a un certo punto fu chiaro: non c'è più una strada comune. Il matrimonio durò 18 anni.

Dopo la separazione arrivò la disputa per l'affidamento di nostra figlia. La nostra piccola, appena compiuti cinque anni, disse all'ufficio giovani: «Voglio restare con papà.» Questa frase mi è rimasta impressa, gioia, sollievo, e allo stesso tempo rispetto per ciò che sarebbe venuto.

All'improvviso mi ritrovai di nuovo da solo, questa volta con un bambino che aveva bisogno di me, e con una responsabilità che doveva essere portata, e che poteva essere portata. Per dieci anni fui padre single, finché non conobbi mia moglie attuale.

Lavorare, educare, ascoltare, cucinare, consolare, mettere limiti, in quel periodo tutto era sulle mie spalle, eppure l'ho fatto con grande piacere. La quotidianità era un numero di giocoleria: alzarsi presto, svegliare il bambino, fare colazione, portarlo a scuola, lavorare, cucinare, compiti, bucato, riordinare, scartoffie, e la sera crollare a letto stanchi.

Era faticoso, senza dubbio, ma ne valeva la pena, ogni singolo giorno. Quel periodo fu vissuto con consapevolezza, perché era intenso e vero. Essere padre, ancora una volta, ma con uno sguardo diverso, di questo ero grato.

A volte, quando la sera la luce era spenta e mio figlio finalmente dormiva, restavo sveglio ancora a lungo, non perché dovessi, ma perché volevo guardarlo mentre dormiva. Musica lieve in sottofondo, pensieri nella testa, e già di nuovo il piano per il giorno dopo.

In momenti così c'era una sensazione chiara: questo è buono. Questo è giusto. Naturalmente c'erano anche sovraccarico, giorni in cui tutto diventava troppo, giorni in cui niente andava come doveva.

Ma poi bastava uno sguardo a mio figlio, e il motivo era di nuovo lì. L'amore è più forte della stanchezza. Una frase mi è rimasta: «L'essere umano è l'animale delle abitudini per eccellenza.» A un certo punto era vero.

Lo stress diventò quotidianità, la quotidianità diventò routine, e con la routine arrivò la calma. Dieci anni da padre single. Dieci anni pieni di amore, lavoro, risate, apprendimento, preoccupazioni e orgoglio, dieci anni che hanno lasciato il segno. Oggi è chiaro: non è stato facile.

Ma è stato uno dei periodi più preziosi della mia vita, e il ricordo è buono. E come tutto nella vita, anche questa fase è stata passeggera. Quando nel 2020 conobbi la mia attuale moglie Silvina, molte cose divennero più leggere. Fino a quando mio figlio è andato a vivere per conto suo nel 2025, lei ha aiutato molto.

Per lui era come una madre, non perché dovesse, ma perché lo voleva. Gli diede calore, sostegno e un senso di casa, e a me diede tranquillità, supporto e la sensazione di non dover portare tutto da solo.

Non dimenticherò mai questo periodo. Perché anche se tutto nella vita è temporaneo, alcune persone e alcuni momenti restano nel cuore.

Tutto è temporaneo.

La morte parte II

Molto tempo dopo la morte di mia madre morì anche mio padre. Soccombette al suo cancro. Questa volta ero adulto. C'era una famiglia propria, preoccupazioni proprie, responsabilità, una vita propria, eppure, quando arrivò la notizia, sembrò per un momento che il tempo si fermasse.

Lo shock fu simile a quello di allora, il dolore familiare, eppure qualcosa era diverso. Intanto era chiaro: morire fa parte della vita. Ogni persona prima o poi deve andare via, per quanto si desideri il contrario.

Nel capitolo su mia madre ho descritto quanto sia difficile per un bambino comprendere la morte. Allora mi mancava la comprensione che il dolore cambia e non rimane uguale per sempre. Da adulto ne ero consapevole.

Era chiaro che anche questo dolore si sarebbe trasformato, come tutto il resto nella vita. I miei pensieri tornarono a mio padre, agli anni in cui ci ha cresciuti da solo: quattro figli, lavoro a turni, quasi nessun tempo libero, poco sonno, eppure c'era, affidabile, forte.

Di sentimenti non si parlava molto, né lui né noi figli, eppure sapevamo quanto ci amasse. Era una roccia nella nostra vita. Il suo modo di agire, il suo coraggio di lasciare la Spagna per permetterci un futuro migliore, mi ha segnato in molte cose, soprattutto nell'essere coraggioso.

Quando morì, non c'era solo tristezza, c'era anche gratitudine. Gratitudine per averlo avuto, gratitudine perché non doveva più soffrire così tanto. Gli ultimi tempi li trascorse in ospedale, senza prospettiva di poterlo lasciare di nuovo.

Gratitudine per la sua forza, la sua pazienza e quella volontà instancabile. Aveva fatto molto, e il suo tempo era, come ogni tempo, finito. Oggi penso spesso a lui quando ci sono decisioni difficili da prendere.

Allora mi chiedo che cosa avrebbe fatto lui, e in qualche modo è lì, non visibile, non udibile, ma percepibile. Anche questo addio ha fatto male. Ricorda che tutto ciò che amiamo è con noi solo per un certo tempo.

Questo non rende la perdita più facile, ma più comprensibile. La mancanza c'è ancora, eppure il dolore col tempo è diventato più quieto. Ha lasciato spazio a ricordi che sono diventati più luminosi. Intanto io e i miei fratelli ridiamo quando parliamo di nostro padre, delle sue storie, di come, come dipendente della Deutsche Bahn, vinse innumerevoli incontri di boxe, della sua passione per la moto, del suo giardino, solo per citarne alcune.

Il dolore di perdere mio padre non è sparito, ma è cambiato. Prima era pesante e scuro, oggi ha un'altra tonalità, non opprime più come allora.

E proprio questo mi mostra di nuovo: tutto è temporaneo.

Il coming out

Alcuni anni fa mio figlio, che allora era nato come figlia, fece coming out come transgender. La dolce bambina dai capelli lunghi, che aveva sempre indossato il rosa, all'improvviso si tagliò i capelli corti e portò solo abiti neri.

Il tempo delle trecce, dei «Ehi dolcezza» e dei piccoli momenti di coccole finì di colpo. Rimasi scioccato, insicuro, e a dire il vero non sapevo come affrontarlo. A questo si aggiunse un'altra cosa: nella mia testa all'improvviso c'era caos.

Domande senza fine, paura di fare qualcosa di sbagliato, e quella preoccupazione se mio figlio ora dovrà soffrire perché il mondo là fuori non è sempre gentile. Ma ben presto mi fu chiaro: l'amore resta. Non importa come appare, non importa quale nome o quale ruolo scelga.

Da quel momento in poi sono stato dalla parte di quella che allora era mia figlia, del mio figlio di oggi. In quel periodo mi resi di nuovo conto che persino fasi della vita come questa, per quanto possano essere incisive, non durano per sempre.

Anche loro sono, come tutto nella vita, temporanee. Non fu un periodo facile. Ci vollero quattro anni prima che mio figlio ricevesse la necessaria lettera di indicazione per poter iniziare una terapia con testosterone.

In quel tempo attraversò alti e bassi, e io feci del mio meglio per stargli accanto. A volte fu difficile, per lui, ma anche per me. Dovetti imparare a lasciare andare. A capire di nuovo che cosa significhi davvero identità.

E ad accettare che l'amore non ha nulla a che fare con le etichette. Oggi abbiamo un rapporto più stretto che mai. Parliamo apertamente, ridiamo molto e ci rispettiamo. Mio figlio è forte, onesto, e sono infinitamente orgoglioso di lui. Mi ha insegnato più sul coraggio di quanto avrei mai potuto trovare nei libri. Quando oggi guardo indietro, vedo che ogni fase difficile, per quanto dolorosa sia stata, alla fine ci ha avvicinati di più.

Ho capito che il vero amore significa accettare l'altro in tutta la sua verità, non solo quando è facile, ma proprio quando richiede coraggio.

E ogni volta che lo guardo penso: che bello che tu abbia avuto il coraggio di diventare te stesso. Perché la vita è troppo breve per essere qualcun altro.

Che cosa porterà il futuro in questo senso, non lo so, ma io ci sono, al suo fianco, perché tutto è temporaneo.

Il valore dell'attimo

Spesso inseguiamo cose che sono molto più avanti di noi, obiettivi, piani, aspettative. E così perdiamo di vista ciò che accade proprio davanti a noi, l'attimo presente.

Molte persone vivono nel futuro o nel passato. Pensano a ciò che è stato, o a ciò che forse verrà. Eppure, la vita si svolge sempre e soltanto in questo unico adesso, in questo breve momento che quasi non c'è, e un attimo dopo appartiene già al passato.

Proprio per questo è così prezioso. A volte è un piccolo momento a portare più pace di tutti i grandi piani. Un raggio di sole che entra dalla finestra. Il lieve ronzio della macchina del caffè al mattino. La risata dei bambini, quando nei miei corsi, come istruttore di arti marziali, li faccio ridere.

Niente di spettacolare, eppure tutto ciò che conta. E mi accorgo anche di quanto Silvina abbia cambiato il mio sguardo. Grazie a lei ho imparato a guardare di nuovo con più attenzione, a ammirare la luna, a osservare le nuvole mentre cambiano colore, a non lasciare che i tramonti passino semplicemente.

Anche il giardino me lo mostra: a seconda della stagione appare diverso, le piante cambiano, tutto vive, tutto si trasforma, e all'improvviso proprio questo attimo diventa qualcosa che godo con più consapevolezza.

Credo che il valore di un momento stia nel fatto che non ritorna mai. Anche se domani il sole splenderà di nuovo, splenderà in modo diverso da oggi. Ce ne accorgiamo ogni volta che io e mia moglie passiamo consapevolmente del tempo in giardino al mattino.

Saremo più vecchi, forse più felici, forse più riflessivi, ma mai più esattamente gli stessi. Molti inseguono la grande felicità e non si accorgono che abita nei piccoli attimi. La felicità raramente è rumorosa.

Spesso si nasconde nel silenzio, nel respiro, nel breve fermarsi, nella consapevolezza che questo momento è un dono, a volte così semplice come uno sguardo negli occhi color caffè di mia moglie, e all'improvviso c'è tutto, senza che serva più niente.

Quando lo riconosci, smetti di aspettare il "prima o poi". Allora cominci a vivere l'adesso, e all'improvviso la vita diventa più semplice. Ti serve meno per sentirti appagato. Un momento di consapevolezza può cambiare più di un intero anno di fretta.

Perché chi riconosce l'attimo, comprende la vita stessa.

Il valore dell'attimo sta nel fatto che è temporaneo.

La ricerca del ventaglio

Mia moglie smarrisce regolarmente delle cose. Accendino, telefono, occhiali da lettura, chiavi di casa, tutto ciò di cui si ha bisogno continuamente nella vita di tutti i giorni.

E poi si comincia. Lei corre agitata per casa, apre i cassetti, guarda nelle borse e a volte perfino nel frigorifero. E quasi sempre vengo coinvolto subito, per aiutare nella ricerca.

Poiché questo spettacolo si è ripetuto innumerevoli volte negli ultimi anni e alla fine tutto riappare comunque, oggi dico soltanto ridendo: «Amor, si è perso solo temporaneamente.

Come sempre, ricomparirà.» Una scena tipica: Dopo che era nato questo capitolo sulle cose temporaneamente smarrite, mia moglie lo ricevette da leggere come estratto. Ridiamo entrambi di quanto bene la frase «Tutto è temporaneo» funzioni nella nostra quotidianità.

Quella stessa sera andammo a mangiare al ristorante dell'hotel. Eravamo in vacanza ad Alicante. Il cibo era eccellente, l'atmosfera piacevolmente tranquilla. Dopo volevamo fare ancora una passeggiata. Poco prima di partire disse: «Per favore, portami il mio ventaglio, Amor.

Ci sono ancora 28 gradi e l'aria è umida.» La domanda venne automatica: «Dov'è?» La risposta fu: «Sul letto, sulla cassettiera, nella mia borsa o in una delle borse da spiaggia che abbiamo usato oggi.» Nella mia testa si accese una sola frase:

Oh oh. Sarà divertente. Quindi su in camera e a cercare. Letto, armadi, borse. Tutto frugato. Nessun ventaglio. Dopo dieci minuti, partì un WhatsApp: «Il ventaglio si è perso temporaneamente.» Arrivati di sotto, ridemmo entrambi.

E la mattina dopo, incredibile ma vero, il ventaglio era lì, tutto tranquillo, sul comodino. Come se non fosse mai sparito. A volte la vita è proprio così. Le cose spariscono.

Le persone si agitano. Si cerca come matti. E alla fine tutto ricompare. E questa è la lezione di questa piccola storia: perfino ciò che crediamo perduto, di solito è solo scomparso per un po'.

Devo ammettere di non essere stato molto meglio in passato. La differenza è solo questa: quando io grido «Amor, sai dov'è il mio ...?», dopo aver cercato disperatamente un attrezzo o qualsiasi altra cosa, di solito basta un attimo perché lei me lo metta in mano sorridendo.

Finora abbiamo perso tutto solo temporaneamente.

In spiaggia

Eravamo seduti sulla spiaggia di La Vila Joiosa, sulla Costa Blanca in Spagna. Il sole bruciava caldo sulla pelle, il mare mormorava con regolarità. Un momento perfetto per continuare a scrivere al libro «Tutto è temporaneo».

Stavo proprio digitando alcune righe, quando mia moglie chiese: «Amor, stai lavorando al tuo libro?» «Sì», fu la risposta breve. Lei rise e disse: «Allora dovresti anche fare ciò che scrivi. Goderti il momento.

Perché è temporaneo.» Ridiamo entrambi. Il portatile fu messo da parte, ci alzammo e saltammo insieme in mare. L'acqua era fresca, l'attimo leggero, pieno di gioia. E all'improvviso fu lì, chiarissimo, proprio ciò di cui scrivo: la vita, il momento, l'adesso. A volte non servono grandi parole.

A volte basta un piccolo promemoria che il qui e ora è tutto ciò che abbiamo davvero. Questo attimo, la risata, il sole, l'acqua, tutto questo è unico e non ritorna mai più esattamente così.

Ed è proprio questo il cuore di questo libro: scrivere della vita è bello, ma vivere la vita è più importante, perché la vita è come il mare.

Si muove, cambia, non sta mai ferma. E ogni tuffo, ogni respiro, ogni onda è una prova di questo:

Tutto è temporaneo.

Il traffico stradale dà sui nervi?

Da quando ero ragazzo, andare in moto fa parte della mia vita, però solo con il bel tempo. Tra i biker, con questo sono più un "tipo da acqua calda", perché guido solo quando il sole collabora.

Chi guida lo conosce, quel feeling: libertà, velocità, il vento sulla pelle, e allo stesso tempo l'attenzione costante di cui c'è bisogno.

Ci sono stati però periodi in cui c'era molta rabbia, soprattutto verso gli automobilisti. «Non mi vede?» oppure «Non sta davvero uscendo adesso!» Erano frasi che più di una volta vennero urlate ad alta voce dentro il casco.

Allora era difficile capire come alcuni potessero guidare in modo così sconsiderato. Ci si impegnava: essere visibili, guidare in modo difensivo, fare tutto giusto, eppure capitavano quelle situazioni in cui, da biker, si viene quasi ignorati.

E allora partivano irritazione, gesti, insulti, e a volte quella sensazione rimaneva addosso perfino per giorni. Solo più tardi, quando io stesso ero più spesso in giro in auto, arrivò qualcosa di decisivo: gli stessi errori li facevo anche io.

Non per cattiveria, semplicemente perché in auto certe cose davvero non si vedono. Una moto è più piccola, più agile, spesso più veloce di quanto l'occhio si aspetti, e all'improvviso ero io quello di cui un tempo mi sarei lamentato.

Fu un punto di svolta, perché diventò chiaro: la rabbia non cambia nulla. Divora solo energia che è meglio usare per altro. Con il tempo arrivò più calma, e fece bene.

Oggi dico ai miei figli, che guidano anche loro la moto: «Da biker devi guardare per due, per te e per l'automobilista. Guida come se non ti vedessero.» Questa frase ci accompagna ancora oggi.

Certo, ci sono ancora momenti che danno fastidio: persone che stanno attaccate, che suonano, tagliano la strada o telefonano mentre guidano.

Ma restare calmi serve di più, perché che cosa cambierebbe agitarsi? L'altro spesso non se ne accorge nemmeno, e alla fine fa male solo a sé stessi.

Un tempo si sarebbe gesticolato, forse perfino provocato. Oggi basta un respiro profondo e il pensiero: anche questo è solo un momento. Ed è proprio questa la verità. Un attimo breve, una frazione minuscola, rispetto a tutte le ore, i giorni e gli anni che la vita ha. Perché allora sprecare energia, se passa subito? La calma è una forma di forza.

Restare tranquilli quando gli altri si fanno rumorosi. Sorridere dove altri imprecano. Chi ci riesce ha capito che cosa conta davvero. Il fastidio sulla strada passa, come tutto il resto.

E più spesso ci si ricorda di questo, meno qualcosa dà davvero fastidio. Perché anche nel traffico stradale vale:

Tutto è temporaneo.

Il cambiamento

Il cambiamento è, a mio parere, l'unica cosa nella vita che sia davvero costante. Tutto intorno a noi si trasforma, persone, luoghi, sentimenti, pensieri. Perfino ciò che sembra immutabile non resta com'era.

E anche se in qualche modo tutti lo sanno, per molti fa paura. Ci si aggrappa alle abitudini, alle relazioni, alle cose, alle routine che danno sicurezza, ma la vita non è un fermo immagine, scorre. Con gli anni mi è diventato chiaro: il cambiamento non è qualcosa di cui aver paura. È come un'onda.

Chi cerca di fermarla viene travolto, chi impara a nuotarci insieme viene portato. A volte il cambiamento arriva in silenzio, come un pensiero, come una piccola decisione, come un incontro che sposta qualcosa, e a volte colpisce con tutta la sua forza, attraverso una perdita, una separazione, una malattia o la morte di una persona amata.

Qualunque forma assuma, quasi sempre accade una cosa: ci costringe a guardare, ed è proprio lì che sta la sua forza. Ci sono stati molti momenti in cui è arrivato il pensiero: Perché proprio adesso? Il senso spesso si è mostrato solo più tardi.

E qualcosa che sembrava una battuta d'arresto, in verità era un nuovo inizio. Qualcosa di vecchio doveva finire perché potesse nascere qualcosa di nuovo. Il cambiamento non è sempre piacevole, ma è necessario.

Senza cambiamento non ci sarebbe crescita. Allora resteremmo fermi, per comodità o per paura, ma la vita vuole movimento, vuole sviluppo. Forse il segreto sta nel non combattere il cambiamento, ma nel capirlo. Non è un nemico, è un insegnante, e come ogni insegnante mostra cose che non sempre si vogliono vedere.

Quando questo una volta arriva nella testa, il cambiamento perde il suo spavento.

Allora diventa ciò che è davvero: una parte naturale della vita. Oggi affronto le svolte con più calma. Arrivano comunque, che si sia pronti o no, ed è altrettanto chiaro: ogni fase, ogni svolta, ogni movimento è temporaneo.

Nulla resta uguale per sempre, ed è un bene. Perché vivere significa cambiamento, e cambiamento significa:

Tutto è temporaneo.

Salute – il bene più prezioso

Salute. Cosa potrebbe essere più importante?

Quando guardi indietro, capisci subito cosa si perde quando il corpo non collabora più: dolore, meno mobilità, dipendenza dagli altri, paura, a volte anche problemi economici. Proprio per questo questo tema merita un capitolo tutto suo. Perché lavoro, soldi o riconoscimento diventano piccoli, quando manca la salute.

1. Perché la salute è così fragile

Nella vita di tutti i giorni si accumulano tante cose: poca attività fisica, sonno scarso, cibo sbagliato, stress continuo. Poi ci sono ambiente, predisposizione e, a volte, semplicemente sfortuna.

E spesso lo capisci tardi. Molti problemi nascono piano piano e crescono per anni, in silenzio. Finché il corpo, a un certo punto, dice: adesso basta.

2. Cosa pesa a molte persone in Germania

Se guardi le statistiche, tornano sempre gli stessi temi. Per esempio: mal di schiena, pressione alta e disturbi del metabolismo dei grassi, come colesterolo alto.

La cosa "cattiva" è questa: all'inizio tante di queste cose non fanno davvero male. Oppure ti abitui. E così ti scivolano via, finché non diventano serie.

La salute non è un bene che "hai" e basta. È più come un conto. Puoi versare. Oppure puoi prelevare ogni giorno, finché un giorno non c'è più niente.

3. Fumo e perché non è un gioco

Fumare è uno dei rischi più grandi per la salute. Nel fumo ci sono tante sostanze tossiche e cancerogene. Per esempio, benzene, formaldeide, monossido di carbonio e ammoniaca. In molte liste si trovano anche sostanze come arsenico o cadmio.

Non sono "piccole cose innocue". Queste sostanze danneggiano vie respiratorie, cuore e circolazione, cellule, e aumentano tra l'altro il rischio di cancro.

4. La mia esperienza personale

Nella mia scuola di arti marziali ho visto una cosa per anni: chi pensa "andrà tutto bene" spesso se ne accorge troppo tardi, perché il corpo soffre a lungo in silenzio prima di farsi sentire davvero.

Con me è andata così: a 15 anni ho iniziato a fumare. Nel gruppo era "figo". Non avevo idea di cosa mi stessi facendo.

A 22 anni qualcuno mi fece una domanda semplice: "Perché fumi?"

Non c'era una risposta intelligente.

Allora presi il pacchetto, buttai le sigarette nel cestino e non fumai mai più.

E sì: è stata una piccola decisione con un grande effetto. Mi ricorda ancora oggi che anche le cattive abitudini possono essere temporanee, se sei disposto a chiuderle.

Siccome questo tema per me è importante, voglio consigliare anché un libro che da noi ha davvero mosso qualcosa: "Mein Geschenk für deine genussvolle Raucherentwöhnung" di Peter Kruse. (Il mio regalo per smettere di fumare con piacere)

Non è scritto in modo pesante, è più motivante e facile da capire. Mia moglie Silvina ha smesso di fumare grazie a questo.

5. Cosa puoi fare oggi

Senza pressione. Senza perfezione. Solo guardare con onestà:

- Come va con il movimento?
- Com'è il tuo sonno?
- Quanto spesso lo stress è diventato "normale"?
- Se fumi o hai fumato: cosa potrebbe toglierti a lungo termine?

E la cosa più importante: sii grato per il tuo corpo. Trattalo bene. La salute non è scontata. È un grande regalo.

E come tutto nella vita: temporaneo.

(Il mio) senso della vita

Qual è il senso della vita, se tutti restiamo su questo meraviglioso pianeta solo per così poco tempo? Molti cercano una risposta per tutta la vita.

Con il tempo mi è diventato chiaro: il senso non è da qualche parte là fuori. Nasce dove si fa qualcosa di buono. Per me significa dare un piccolo contributo, aiutare le persone a diventare più forti, non solo fisicamente, ma anche interiormente.

Come istruttore lo vedo ogni giorno, quando qualcuno dopo l'allenamento esce dalla scuola un po' più dritto, quando lo sguardo diventa più chiaro, quando le spalle si sollevano perché cresce la fiducia in sé.

Allora c'è quella sensazione: è giusto. Ha senso. Per me le arti marziali sono più di tecnica, disciplina e movimento. Sono una scuola di vita.

Insegnano coraggio, rispetto, pazienza e consapevolezza, con gli altri e con sé stessi. Si impara a cadere e a rialzarsi. Si impara ad affermarsi senza diventare arroganti. E si capisce che la vera forza non sta nel combattere, ma nel comprendere.

Quindi, quando arriva la domanda su quale sia il senso della mia vita, la risposta è semplice: aiutare le persone a scoprire la loro fiducia in sé, mostrare loro che dentro di loro c'è più di quanto credano.

E se alla fine qualcuno cammina nella vita anche solo un po' più dritto, con uno sguardo più calmo e più quiete interiore, allora la mia parte è compiuta. Ma il senso non consiste solo nell'esserci per gli altri. Consiste anche nel cogliere l'attimo, nel godere, nel vivere, perché a un certo punto è diventato davvero chiaro: Tutto è temporaneo.

Per questo c'è meno tempo per le preoccupazioni su cose che forse non accadranno mai, e meno energia per cose che non si possono cambiare. Non perché non contino, ma perché non fa bene, e perché non aiuta né me né nessun altro.

Il tempo dovrebbe fluire là dove ha significato: verso la famiglia, verso gli amici, verso le persone che sono importanti, perché il tempo con loro è prezioso. A questo si aggiunge qualcosa per cui sono grato: con il mio hobby posso guadagnarmi da vivere, abbastanza per avere una casa, un'auto, vacanze e una buona vita.

La ricchezza non è mai stata l'obiettivo, perché nessuno si porta via nulla. Ce ne andiamo come siamo venuti: con le tasche vuote. Perché allora sprecare tempo di vita prezioso solo per accumulare inutilmente tanto denaro o cose materiali?

Per me conta di più ciò che si vive, ciò che si dà, e con chi si condivide questo tempo. Forse è proprio questo il senso. Non voler cambiare il grande insieme, ma agire nel piccolo, con il cuore, con umiltà, con consapevolezza. Perché ciò che diamo resta per un momento. E quel momento conta. Anche lui è temporaneo.

Che cosa resta, quando tutto passa? Più invecchio, più diventa chiaro: molte cose nella vita sono una questione di prospettiva. Ciò che oggi irrita, ferisce o rende nervosi, tra poche settimane, mesi o anni spesso non ha quasi più peso.

Sbiadisce, finisce sullo sfondo, e forse proprio in questo c'è un grande sollievo. Si nota sempre di nuovo quanto diversamente le persone reagiscano alla stessa situazione. Ciò che manda uno completamente fuori strada, un altro lo prende con una scrollata di spalle.

Spesso non dipende da ciò che accade, ma da come viene visto. Ognuno porta il suo mondo dentro di sé. Molti credono che la felicità sia da qualche parte fuori, nelle cose, nei successi o nel riconoscimento, eppure raramente ci si sente davvero così. La felicità nasce piuttosto in momenti di chiarezza, in attimi in cui per un momento si smette di cercare.

Non è uno stato permanente. Sono secondi brevi e sinceri, in cui si è semplicemente. E la vita non aspetta che noi siamo pronti. Accade, e basta, e chi cerca di controllare tutto, a un certo punto si stanca soltanto.

Certo, desideriamo sicurezza, stabilità, prevedibilità, ma la vita è movimento, e movimento significa cambiamento. A volte sembra che tutto debba essere capito. Ma non tutto deve essere spiegato. Alcune cose possono semplicemente essere vissute: essere tristi, dubitare, restare in silenzio.

Fa parte della vita tanto quanto la gioia o il successo. Forse la saggezza non è altro che fare pace con ciò che non si può cambiare. E con il tempo diventa chiaro anche questo: perfino le fasi difficili hanno il loro posto.

Ci rendono più morbidi, più calmi, a volte anche più grati. Il desiderio di avere tutto sotto controllo è diventato più piccolo. Al suo posto c'è di più il vivere con consapevolezza, sentire l'attimo, senza imporgli subito un significato.

Perché ogni pensiero, ogni sentimento, ogni persona che incontriamo è solo per un certo tempo parte del nostro cammino. Ed è proprio questo che lo rende così bello.

E a volte così doloroso. Ma questa è la vita. E vivere significa lasciare andare, rialzarsi e andare avanti.

Perché tutto ciò che resta è il ricordo che tutto è temporaneo.

Addio

«Cari presenti, oggi siamo qui riuniti per dare l'ultimo saluto al nostro amico.... Tra noi ci sono la sua famiglia, sua moglie... e sua figlia..., inoltre ex colleghi di lavoro del settore medico, amici e i membri del suo gruppo di Wing Chun.

A nome di questo gruppo di Wing Chun, ora parlo io. Nel 2001 tu, caro ..., hai iniziato ad allenarti con noi nel Wing Chun. Da allora sono passati circa 25 anni. Anni in cui non solo hai amato quest'arte marziale, ma l'hai anche vissuta.

Nelle Filippine ti sei allestito apposta una sala di allenamento, con dummy, attrezzatura e tutti i tuoi certificati. Mi avevi chiesto di costruirti un Wing Chun dummy. V

olevi metterlo nella vostra seconda casa a Berlino. Io avevo accettato di costruirlo, ma poi c'era sempre "qualcosa in mezzo": qui una ristrutturazione, lì la preparazione di un esame, e pensavo: "Ho ancora tempo per costruire il dummy." Alla fine, il tempo non è bastato.

Avevo dato le priorità sbagliate e non ho realizzato il tuo desiderio. Ho perso questa occasione, e proprio in questo si vede che tutto nella vita è temporaneo. Ora me ne pento profondamente. Mi hai accompagnato, insieme a noi, a seminari in Europa. In Francia, Portogallo, Inghilterra e in molti altri luoghi.

Il tuo entusiasmo era sempre alto, e in tutti questi anni non hai mai interrotto l'allenamento. Hai saputo trasmettere la passione per il Wing Chun anche a tua figlia.... Non solo ha fatto sua la tua passione, ma ha anche mostrato un talento straordinario.

Allenarmi con lei è stato per me sempre qualcosa di speciale. Sarebbe per me un grande onore continuare la sua formazione e approfondire con lei il Wing Chun lungo il percorso che tu hai iniziato con lei. Solo la tua amata moglie … non sei mai riuscito a convincerla, anche se spesso ne abbiamo parlato insieme con un sorriso. … non era solo il mio allievo e compagno di allenamento, ma anche il mio dentista.

Ricordo una devitalizzazione nel suo studio. Quando si accorse che mi faceva male, mi chiese: «Fa male, Mario?» e io risposi con un sorriso: «Sì, fa male. Ma non preoccuparti, te lo restituisco al prossimo allenamento.» Questo ricordo mostra anche il lato ironico della nostra amicizia, un lato che ha fatto bene a tutti noi. Noi esseri umani spesso pensiamo di avere tutto il tempo del mondo.

Ma non è così. Tutto è temporaneo. Durante i nostri 25 anni insieme non ho mai pensato che un giorno potesse finire. Ancora nel luglio di quest'anno 2025 ci siamo incontrati nel parco cittadino di Duisburg-Rheinhausen per allenarci insieme, pieni di speranza di riuscire a vederci di nuovo più regolarmente in futuro.

Ora è andata diversamente. Ci restano i nostri ricordi, e l'insegnamento: «Tutto è temporaneo.» Non sappiamo mai quando sarà "l'ultima volta". Perciò, noi che possiamo restare ancora per un po' qui su questo piccolo pianeta, siamo grati. Grati per il tempo che ci è stato donato.

Viviamo questo tempo nel modo più pieno e felice possibile. … e io ti conferiamo, in riconoscimento della tua prestazione come istruttore e come parte del nostro Wing Chun Pai, della nostra famiglia Wing Chun, il certificato e la cintura di Black Belt della Close Range Combat Academy. …, il tuo cammino nel Wing Chun continua in noi, in ogni allenamento, in ogni tecnica, in ogni ricordo.

La tua passione vive in noi e non finirà mai. Ti vogliamo bene.» Questa è stata la mia orazione funebre… «Tutto è temporaneo» spesso mi rende triste. Gli addii fanno parte della vita, anche se vorremmo evitarli. A volte arrivano in silenzio, a volte con tutta la loro forza, ma arrivano sempre. Che si tratti della perdita di una persona, della partenza di un amico, della fine di un amore o semplicemente dell'abbandono di un luogo familiare, ogni addio lascia tracce.

Nella mia vita ho vissuto molti addii. Alcuni erano definitivi, altri solo temporanei. Ma in qualunque forma siano arrivati, mi hanno cambiato ogni volta.

All'inizio c'è quasi sempre dolore, quella sensazione di vuoto e perdita, e si crede che quel vuoto non passerà mai. Ma passa, lentamente, passo dopo passo. Ho imparato che lasciare andare non significa dimenticare. Significa accettare che qualcosa è finito, e proprio lì si trova la pace.

Spesso abbiamo paura degli addii perché crediamo che ciò che viene dopo debba essere peggiore. Ma la vita mi ha insegnato il contrario. Ogni fine porta con sé anche un inizio. Solo che non lo si vede subito, perché lo sguardo è ancora rivolto a ciò che è stato. Ricordo molti momenti in cui pensavo: «È finita.

Ora è tutto diverso.» E sì, era diverso. Ma diverso non è sempre male. Diverso è semplicemente nuovo. E il nuovo è ciò che ci fa crescere. A volte dobbiamo lasciare andare le persone, non perché non le amiamo più, ma perché il loro tempo nella nostra vita è finito.

Capirlo non è stato facile. Ma quando lo si comprende, l'addio perde una parte del suo terrore. Oggi vedo l'addio in modo diverso. So che tutto ciò che per me era davvero importante mantiene un posto dentro di me: nei ricordi, nei pensieri, in ciò che ho imparato da tutto questo.

So anche che un giorno sarò io stesso parte di un addio, e va bene così. Perché l'addio non significa semplicemente fine, ma cambiamento.

È un passaggio, un promemoria silenzioso del fatto che tutto ciò che amiamo ci è solo prestato. E quando lo si accetta, il dolore si fa più lieve e la gratitudine più forte.

Perché anche l'addio più profondo non è per sempre: cambia solo il suo tono, come tutto nella vita.

Tutto è temporaneo.

Il "muro"

Mentre scrivevo questo libro, pensavo spesso a come potesse essere la copertina. Ma non mi veniva in mente un'idea adatta. Così chiesi al mio figlio più giovane, che stava appena iniziando gli studi d'arte, di aiutarmi.

Poiché "tutto è temporaneo", propose di prendere come base un muro, un muro che lentamente si sgretola. Ne fui subito entusiasta, perché questa idea si adattava perfettamente al senso del mio libro. Quando vidi i primi bozzetti, dovetti inevitabilmente pensare al Muro di Berlino.

E così nacque l'idea per questo capitolo. Quando nel 1989 cadde il Muro di Berlino, per me allora era lontano, quasi come un evento in un altro Paese. Eppure, erano solo circa 300 chilometri fino al confine dei nuovi Länder, come li si chiama oggi.

Ma da adolescente non mi interessavo di politica. Era così com'era, e pensavo che tanto non si potesse cambiare nulla. Che anni dopo sarei stato chiamato affettuosamente "Wossi", una fusione tra Wessi e Ossi, non avrei mai potuto immaginarlo.

In seguito, passai molto tempo a Est, a volte persino più che a Ovest. Alcuni dei miei amici avevano lì dei parenti che visitavano di tanto in tanto. Per noi era chiaro: sarebbe rimasto così per sempre. Ma poi arrivò il 1989.

Al telegiornale si vedeva come le persone a Lipsia, Dresda e Berlino scendevano in strada. Gridavano «Siamo il popolo» e chiedevano libertà. Allora non capivo del tutto che cosa stesse davvero succedendo, ma sentivo che qualcosa stava cambiando.

E poi, il 9 novembre, il muro cadde. Come molti altri, ero seduto davanti alla televisione e non riuscivo quasi a crederci. La gente ballava, piangeva, si abbracciava.

Un intero popolo era improvvisamente libero. Nel 1991 fui per la prima volta io stesso nell'Est della Germania. Fu da un lato uno shock e allo stesso tempo un'esperienza meravigliosa.

Le strade, le case e i negozi sembravano vecchi, molte cose erano rotte. Ma le persone erano cordiali, amichevoli e disponibili. Si sentiva una coesione che io non conoscevo così. Ognuno aiutava l'altro.

Gli affitti erano tra 20 e 60 marchi tedeschi, i salari tra 300 e 500 marchi tedeschi. Per me era inconcepibile, quasi come un altro mondo. Ricordo lunghe file davanti al Konsum, il negozio di alimentari.

Già di primo mattino la gente stava fuori quando si diceva: «Domani ci saranno le banane.» Eppure, emanavano una soddisfazione e un calore che mi colpirono profondamente.

Con gli anni nacquero amicizie, in Mecklenburg Vorpommern, nel Brandeburgo, dove conobbi la mia seconda moglie, e in Turingia, dove vive il mio migliore amico con la sua famiglia.

Quando oggi vado a Bad Salzungen, spesso penso: «Wow.» Tutto è curato, moderno e bello. Strade, negozi, case, tutto sembra nuovo e pulito. Se invece attraverso la NRW, purtroppo non posso dirlo. L'Est ha recuperato, forse in molte cose ha persino superato.

La mia seconda moglie, nata nel Brandeburgo, è cresciuta nel sistema di allora. Attraverso di lei ebbi uno sguardo sulla vita nella DDR.

Mi raccontava: «Ognuno aveva un lavoro. Eravamo nella FDJ, la Freie Deutsche Jugend. Ci aiutavamo a vicenda.» Suonava come comunità, come coesione.

Ma sotto la superficie c'erano anche paura e controllo. Sottovoce si parlava della Stasi, la sicurezza di Stato, un'organizzazione che sorvegliava tutto e tutti. «Chi parlava male del sistema o diceva che non si poteva viaggiare doveva aspettarsi guai», mi spiegò. Molti dicevano soltanto: «È così com'è.

Non possiamo cambiarlo.» Ma si poteva cambiare. Tra il 1961 e il 1989 sembrava tutto fissato, eppure era solo temporaneo. Tutto era temporaneo. Anche il tema delle auto era particolare. Chi voleva comprare una Trabant, affettuosamente chiamata "Trabbi", doveva aspettare fino a 18 anni.

I pezzi di ricambio quasi non c'erano. La gente doveva essere inventiva, trafficava, riparava, cercava soluzioni. Imparavano ad aiutarsi da soli. Questa creatività e la loro volontà di fare il meglio con poco erano impressionanti.

Quando oggi penso a tutto questo, vedo un'epoca piena di contrasti: scarsità e coesione, controllo e coraggio, perdita e nuovo inizio. La caduta del muro ha mostrato che anche sistemi che sembrano durare in eterno possono passare.

I muri cadono. I confini scompaiono. Tutto cambia. La libertà non significa solo non avere muri intorno a sé, ma anche non avere muri nel pensiero. Tutti noi a volte portiamo dentro di noi dei confini, vecchie convinzioni, paure, abitudini.

Ma se siamo pronti a lasciarle andare, riconosciamo che il cambiamento è sempre possibile. Nulla resta per sempre. Tutto si trasforma.

Tutto è temporaneo.

Chiodo e ascia

All'inizio degli anni Settanta. Io e mio fratello minore avevamo forse sei e sette anni. La cosa che preferivamo era giocare scalzi nel cortile. Chi legge il titolo di questo capitolo lo intuisce già: non era sempre una buona idea.

Accanto a casa nostra allora veniva costruito un palazzo. Per noi non era un cantiere, ma un parco giochi d'avventura. Quando nel fine settimana gli operai non c'erano, si andava sul terreno accanto.

Lì c'erano pietre, tavole, listelli del tetto, chiodi, macchie di catrame e soprattutto un sacco di fango. Con argilla e acqua ci facevamo il nostro "cemento". Lo chiamavamo semplicemente fango.

Con quello incollavamo le pietre, costruivamo piccole torri, tiravamo su minuscoli muri. Non duravano mai a lungo, ma era un divertimento enorme creare qualcosa con le proprie mani.

E, quasi senza accorgercene, stimolava la creatività, anche se allora non c'era nessun pedagogista accanto a chiamarlo così. Camminare scalzi in un cantiere sconosciuto a volte finisce male. All'inizio non ci si accorse di nulla.

Ma all'improvviso mio fratello mi guardò in modo strano e disse: «Mario, ti trascini dietro un pezzo di legno.» Un'occhiata in basso. Al mio piede era attaccata una tavola lunga circa cinquanta centimetri.

Oggi so che probabilmente era un listello del tetto. Perché quella cosa fosse attaccata a me era del tutto incomprensibile. Non mi venne in mente che un lungo chiodo da tetto attraversasse il legno e fosse conficcato profondamente nel tallone. Così, camminando, mi trascinavo quella tavola dietro. Per prima cosa si rise.

Sembrava davvero buffo, come se avessi una scarpa troppo grande. Forse pensai perfino che la tavola fosse incollata per via del fango o del catrame nero che era dappertutto.

Per liberarmi, appoggiai il piede sano sul listello e cercai di sollevare l'altro. Non funzionò. Mio fratello disse: «Alza il piede, guardo io.» Quindi piede su. Lui guardò con tutta calma e poi disse, come se fosse la cosa più normale del mondo: «Hai un chiodo nel piede.» In quel momento si vide il chiodo. E solo allora iniziò l'urlo.

La cosa divertente: fino a quel momento non c'era stato dolore. Arrivò solo più tardi, quando, zoppicando, tornai nel nostro appartamento. Mio padre era un uomo forte e sano. Le cose si risolvevano così come si era imparato. Senza medico, senza ambulanza, senza drammi. Guardò il piede e disse soltanto: «Sdraiati sul tavolo della cucina.

Sulla schiena. Piede su.» Era così allora. Scomparve per un attimo, poi tornò con due bottiglie. In una c'era aceto. L'altra era una bottiglia di vetro vuota. Non avevo idea di che cosa c'entrasse con il piede, ma si sarebbe chiarito subito. Sistemò il piede in modo che la pianta fosse ben visibile e versò aceto sulla ferita.

In quel momento il dolore recuperò ciò che prima aveva perso. Bruciava come fuoco. Poi arrivò la bottiglia di vetro vuota. Con la mano sinistra mi teneva fermo il malleolo, con la destra colpiva più volte il tallone con il bordo del fondo della bottiglia.

L'unico pensiero: questa è la punizione per la stupidaggine. Piangevo da morire. Lui disse soltanto: «Non piangere. I colpi servono solo a tirare fuori lo sporco dalla ferita. Hai pestato un chiodo arrugginito.» Non toglieva il dolore, ma calmava. Se papà dice che deve essere così, allora sarà così.

Alla fine, ci mise un cerotto o qualcosa del genere. E poi di nuovo fuori a giocare. Nessun medico. Nessun ospedale. Nessun libretto delle vaccinazioni in mano.

I medici noi bambini allora li vedevamo raramente, al massimo per qualche vaccinazione. Era normale. E ora arriva la storia dell'ascia. Non preoccuparti, non sarà così grave. Almeno non per me. Riguardò di nuovo mio fratello minore.

A sei anni amava sminuzzare le cose e romperle. Mio padre lavorava spesso con martello, ascia, piede di porco e sega. Per mio fratello era il paradiso. Spesso poteva scegliere con cosa "lavorare". A

llora stava seduto scalzo sul suo piccolo sedere unto e colpiva felice da qualche parte. Oggi forse lo chiameremmo sfogo dell'aggressività. Allora era semplicemente: bambino, attrezzo e qualcosa da colpire portavano tranquillità nel cortile. Nel cortile i miei genitori avevano un recinto con conigli, anatre e galline. Sopra c'era una specie di sottotetto aperto.

Un giorno mio fratello salì lassù con l'ascia. Il piano: spaccare i sassolini. Si sedette, prese l'ascia tra le mani, la sollevò sopra la testa e cercò di colpire il sasso con la parte affilata. Naturalmente mancò il bersaglio più volte. Di molto.

A un certo punto cambiò strategia. Che cosa gli passasse per la testa non lo so. Probabilmente qualcosa tipo: con il lato sottile non colpisco. Allora uso il lato largo.

Già allora orientato alla soluzione dei problemi. Solo un dettaglio fu dimenticato: se l'ascia viene tenuta al contrario, quando si prende lo slancio ora la parte affilata è sopra la propria testa. E così continuò a colpire.

Giù nel cortile non si vedeva nulla. Ma si sentiva la sua risata. Risata felice di bambino. Nella sua percezione la nuova strategia funzionava.

Il sassolino era naturalmente troppo duro. Un bambino di sei anni non spacca una pietra con un'ascia. Ma lui aveva un compito, e questo bastava. Probabilmente arrivò il pensiero successivo: colpisco, ma non abbastanza forte.

Quindi più slancio. Movimento più veloce. Braccia stanche. Attrezzo pesante. E a un certo punto successe. L'ascia gli scivolò di mano. Oppure se la colpì da solo contro la testa. La verità esatta non la scopriremo mai più.

Giù nel cortile all'improvviso calò il silenzio. Niente colpi. Niente risate. Silenzio. Mi sembrò strano. A proposito, perché noi siamo spagnoli. Così lo chiamai. Nessuna risposta.

Non ancora davvero preoccupato, piuttosto curioso, io, a cinque anni, salii su per la scala di legno. Era lì seduto. Sangue sulle mani, sul viso e sulla fronte.

E che cosa faceva? Ci giocava. Ci pasticciava, come se fosse solo un'altra specie di fango. Io ero spaventato. Lui no. Forse era lo shock. Forse l'ignoranza infantile. Quando gli parlai, mi sorrise. Oggi, a dire il vero, questo mi preoccuperebbe.

Un bambino, coperto di sangue, che sorride. Per lui era semplicemente viscido. Il sangue usciva lentamente da una ferita sulla fronte. Non a fiotti, ma in modo costante. E che cosa gridai io, del tutto naturalmente? «Papà, ci serve l'aceto e la bottiglia vuota.»

Mio fratello aveva visto dal vivo la storia del chiodo nel piede. Quando lo sentì, iniziò subito a urlare. Probabilmente nella sua testa partì un piccolo film horror: aceto nella ferita e poi papà con la bottiglia di vetro sulla testa, per far "uscire lo sporco".

Poveretto. Il resto fu routine. Pulire. L'aceto fa bene. Cerotto sopra. E di nuovo fuori a giocare. Forse a questo punto ti chiedi che cosa c'entrino queste pazze storie d'infanzia con il tema di questo libro. Moltissimo.

Allora era normale non andare dal medico per un chiodo arrugginito nel piede o una ferita alla testa. Nessuna ambulanza. Nessun telefono. Nemmeno un fisso con il filo, figuriamoci un cellulare. La "cura" era aceto, una bottiglia di vetro, un cerotto e la frase: «Torna a giocare.» Oggi la maggior parte dei genitori probabilmente chiamerebbe l'ambulanza o almeno andrebbe direttamente al pronto soccorso.

Tetano, infezione, cicatrice, radiografia, forse perfino il pensiero del servizio di tutela dei minori. Entrambe sono visioni delle cose. Entrambe hanno il loro tempo. Ed è proprio questo il punto. Anche il modo in cui affrontiamo malattie, incidenti e bambini è temporaneo. Cambia continuamente. Per fortuna.

Un tempo molte cose erano più dure, ma anche più semplici. Oggi molte cose sono più sicure, ma spesso anche più timorose. La medicina è cambiata e migliorata radicalmente. E si spera che continui così. Ciò che ieri era normale oggi a volte sembra brutale o irresponsabile.

E ciò che oggi vale come l'unica strada giusta, tra qualche decennio forse apparirà altrettanto antiquato. Lo stesso vale per gli stili educativi, per le paure, per la fiducia nella tecnica e nei sistemi e per il modo di affrontare il dolore.

Tutto è in movimento. Quando oggi penso al chiodo nel tallone e alla storia dell'ascia, devo sorridere. Non perché fosse innocuo, ma perché mostra quanto i tempi cambino. Allora l'aceto era la panacea.

Oggi per ogni graffio si cerca su Google. Allora mio padre era il pronto soccorso. Oggi probabilmente sarebbero coinvolti diversi specialisti, apparecchi e moduli. Entrambi raccontano qualcosa del tempo in cui viviamo.

Ed è proprio per questo che anche qui questo pensiero si adatta: **Tutto è temporaneo**. I metodi. Gli attrezzi. Le paure. La sicurezza. E anche noi stessi. Ciò che resta sono le storie che ne facciamo.

E a volte qualche piccola cicatrice, per cui anni dopo si dice sorridendo: «Ti ricordi…?»

Ingorgo sulla A44

Ingorgo sulla A44, da Kassel in direzione Dortmund. Davanti a me e dietro di me: auto, camion, luci. Tutto è fermo. Nulla si muove. Il motore è spento. Anche le luci.

La gente scende, cammina sull'autostrada, telefona, digita nervosamente sui cellulari. Dopo un po' arriva l'annuncio alla radio: «L'autostrada A44 tra Erwitte e Soest è chiusa a causa di un incidente.» Circa dieci minuti dopo passano davanti a noi, sullo spartitraffico centrale, ambulanze, vigili del fuoco, carro attrezzi e l'ADAC. Le sirene ululano, le luci blu lampeggiano.

L'aria è calma, ma in qualche modo tesa. È uno di quei momenti in cui molti pensano: Che schifo. Non ci voleva proprio adesso. E sì, questo pensiero lo conosco anch'io. Un tempo probabilmente sarebbe successo proprio questo: agitarsi, tamburellare sul volante, guardare l'orologio, arrabbiarsi.

Oggi resto calmo. Mentre queste righe nascono, sono seduto in mezzo alla A44 e sono rilassato. Perché? Perché è chiaro: Tutto è temporaneo. Anche questo ingorgo. Arrabbiarsi non serve a nulla. La situazione non si può cambiare.

Nessun clacson, nessuna imprecazione, nessuna rabbia farà sparire le auto davanti a me. Ma c'è una cosa che resta sempre: la decisione di come affrontarla. Così uso il tempo. Questo capitolo nasce proprio qui, in mezzo all'autostrada. E mentre fuori tutto è fermo, i pensieri vanno avanti. Calma. Pazienza.

La differenza tra movimento e quiete. Intorno molti sembrano stressati. Alcuni vanno avanti e indietro, altri telefonano, altri ancora scuotono soltanto la testa. Perché? Siamo tutti nello stesso ingorgo. Tutti arriveremo più tardi.

E nessuno può cambiarlo adesso. Forse a volte la vita è proprio così. Si resta fermi, anche se si vorrebbe andare avanti. Sembra che si stia perdendo tempo.

E invece è solo una pausa. Un'occasione per respirare un attimo. E a essere sinceri: restare bloccati in un ingorgo non è la cosa peggiore che possa capitare. Basta uno sguardo alla situazione di chi è rimasto coinvolto nell'incidente.

Allora diventa subito chiaro: la sosta forzata a volte è persino fortuna. Forse un ingorgo del genere è persino un piccolo regalo. Non previsto, ma lì. Un'occasione per calmarsi, pensare, sentire, semplicemente esserci.

La prossima volta che resti bloccato, caro lettore, prova a fare diversamente. Respira. Appoggiati allo schienale. Ascolta musica o goditi il silenzio. Fai il meglio del tempo che hai comunque.

E rallegrati del fatto che non sei tu la causa di questo ingorgo.

Un ingorgo, per quanto duri, è solo temporaneo.

Un granello di sabbia nella Via Lattea

A volte aiuta rendersi un po' più piccoli. Non nel senso di "non valgo nulla", ma nel senso di: non sono il centro dell'universo. E va bene così.

L'idea di questo capitolo non mi è venuta in un ufficio elegante, ma in modo molto semplice sul nostro cantiere. Ero davanti alla betoniera e mescolavo ghiaia, cemento e acqua per costruire, con mio fratello e il nostro amico Matthes, il nostro garage.

Davanti a me c'era un grande mucchio di ghiaia per calcestruzzo 0–32 mm. Migliaia di piccoli sassi. Tutti diversi, eppure in qualche modo tutti uguali. In quel momento mi venne il pensiero: se ognuno di quei sassolini fosse una stella o un pianeta, quanto sarebbe piccola allora la nostra Terra.

E quanto saremmo piccoli noi esseri umani sopra di essa. Facciamo quindi un esperimento mentale. Nella nostra Via Lattea, secondo le stime attuali, ci sono grossomodo circa 100 miliardi di stelle e almeno altrettanti pianeti.

Per semplicità prendiamo circa 200 miliardi di corpi celesti. Ora diciamo: un sassolino rappresenta una stella o un pianeta. Allora servirebbero 200 miliardi di sassolini. Sarebbero circa 800 milioni di chilogrammi, cioè circa 800.000 tonnellate di ghiaia per calcestruzzo.

E per trasportarla servirebbero circa 32.000 camion carichi. Solo per la nostra Via Lattea. Non per l'intero universo. Solo per una singola galassia tra miliardi di altre. La nostra Terra, in questa immagine, non sarebbe nemmeno un sassolino a sé.

Sarebbe piuttosto un granello di polvere sulla superficie di un sassolino. Poi guardiamo noi. Una persona è forse alta 1,70 metri.

Finché è abbastanza vicina si vedono braccia, gambe, testa. Ma già a circa cinque o sei chilometri di distanza, una persona è a malapena riconoscibile a occhio nudo, e questo vale solo se c'è una pianura, senza colline, case o alberi in mezzo, quindi con visuale libera.

Allora rimane al massimo un puntino minuscolo, se rimane. Cinque o sei chilometri, e scompariamo all'occhio umano. La nostra Via Lattea è larga circa 100.000 anni luce. Detto in altro modo, sono circa 946.000.000.000.000.000 chilometri.

Se si lascia un attimo che questo numero faccia effetto, si capisce subito: è un ordine di grandezza che la nostra testa fatica a comprendere. E proprio per questo diventa chiaro quanto siamo minuscoli in questo enorme insieme. Su questa scala non siamo altro che un soffio.

Non solo tu. Anche io. Tutti noi. E ora arriva la domanda: è un bene o un male essere così piccoli, così insignificanti rispetto all'universo? Per me la risposta è chiara: è un bene.

Per un motivo semplice: toglie un peso enorme dalle spalle. Perché spesso si vive come se il mondo crollasse quando qualcosa va storto. Eppure, ognuno di noi è un puntino minuscolo su un piccolo pianeta, in un ramo laterale di una galassia che a sua volta è solo una tra miliardi di galassie.

Questo non significa che la tua vita non valga nulla. Significa solo: non tutto deve essere controllato. La perfezione non è necessaria. Gli errori sono permessi. Alcuni esempi: Momenti imbarazzanti. Una frase stupida, un lapsus, un errore davanti agli altri. Nella testa è la fine del mondo.

Nella realtà molti quasi non se ne accorgono. E domani alla maggior parte non interesserà già più. Tutto è temporaneo. Litigi e drammi. Discussioni con qualcuno, nel traffico, in famiglia, al lavoro. In quel momento sembra enorme. Su larga scala quel litigio non è nemmeno un granello di sabbia.

Lasciare andare è permesso. Non ogni battaglia va combattuta. Perfezionismo. Molti portano dentro la frase: "Non posso commettere errori." Quando ci si rende conto di quanto si è piccoli nell'universo, diventa chiaro anche questo: il curriculum non è un documento cosmico.

A nessuna stella interessano i voti o il percorso scolastico. Questo rende più liberi di provare cose nuove e di vedere il fallimento come una parte normale della vita. Fallimento e nuovo inizio. Un'attività fallisce, una relazione si rompe, un sogno scoppia. Sembra enorme.

Nella scala della Via Lattea è un battito di ciglia. Questo può consolare: ricominciare è possibile. Nessuno è fallito per sempre. Perché anche questo è temporaneo. Paura del giudizio degli altri. Quante volte ci si trattiene, solo per paura di ciò che potrebbero pensare gli altri.

Quando diventa chiaro che, tutti insieme, siamo solo qualche granello di polvere su un enorme mucchio di sassolini, l'opinione degli altri perde potere. La propria vita può essere vissuta. È importante una differenza: dal punto di vista cosmico siamo minuscoli. Dal punto di vista umano possiamo essere infinitamente importanti l'uno per l'altro.

Per un bambino uno sguardo amorevole dei genitori è più importante della grandezza della Via Lattea. Per una persona sola, un unico abbraccio può significare più di tutte le stelle in cielo.

L'universo non chiede com'è andata la tua giornata. Ma tu puoi fare in modo che la giornata di un'altra persona sia migliore. Ed è proprio lì la nostra possibilità: cosmicamente siamo piccoli, ma nel nostro piccolo pezzo di mondo possiamo avere un grande effetto.

Quando si accetta di non essere il centro dell'universo, la vita diventa più leggera. Meno pressione. Meno paura. Più libertà di fare ciò che è davvero importante. E all'improvviso torna ad avere senso la frase:

Tutto è temporaneo. Preoccupazioni. Errori. Rabbia. Ma anche possibilità. Tempo. Corpo. Persino il cemento del garage che ho impastato, prima o poi, farà crepe, si consumerà e svanirà. Nulla resta com'è. Non la ghiaia nella betoniera.

Non tu. Non io. Nemmeno la nostra Via Lattea. Ed è proprio per questo che qui ci sta la frase:

Tutto è temporaneo.

È davvero tutto temporaneo?

Mentre scrivevo questo libro, ho ricevuto un messaggio: «Tutto è temporaneo… finché lo si vuole. Dipende sempre dal proprio punto di vista e dal proprio atteggiamento. Sui sentimenti non si ha alcun controllo!» Questa frase ho dovuto rileggerla più volte.

Non perché fosse incomprensibile, ma perché ha smosso qualcosa. Forse c'è dentro più verità di quanta ne volessi vedere all'inizio.

Il messaggio era chiaro: non tutto passa solo perché ci credi. Ci sono cose che restano, qualunque cosa tu pensi. I sentimenti, per esempio. I ricordi. La nostalgia. E a volte, su questo, non hai davvero alcun controllo. E sì, in parte è vero.

Quando perdi qualcuno, il dolore non si può semplicemente spegnere. Quando c'è amore, non lo puoi semplicemente disattivare. Alcune cose restano dentro di noi anche quando la situazione è finita da tempo. E forse è giusto così.

Eppure, la vita mostra che i sentimenti raramente restano come erano. Non sempre scompaiono, ma cambiano forma. Dal dolore nasce comprensione. Dalla tristezza nasce ricordo. Dalla rabbia nasce calma. E dall'amore nasce gratitudine.

Forse, quindi, non si tratta del fatto che le cose spariscono, ma del fatto che si trasformino. Nulla resta com'era. Nemmeno ciò che ci sta più in profondità. Alcune cose durano anni. Altre solo secondi. Ma tutto è in movimento. Tutto cambia.

E adesso viene la parte che per me qui è importante: non voglio dirti cosa devi credere. Voglio solo invitarti a fermarti un attimo e a chiederti: Che cosa significa "temporaneo" per te? Che cosa nella tua vita è arrivato e poi se n'è andato? Che cosa è cambiato, anche se pensavi che sarebbe rimasto per sempre? E che cosa succede con i tuoi sentimenti: restano davvero uguali, o col tempo si sono trasformati?

Forse hai perso qualcuno e senti ancora oggi la tristezza. Forse c'è un ricordo che innesca subito qualcosa dentro di te. Forse porti con te qualcosa che non è sparito, ma è diventato più silenzioso. E forse ti aggrappi a qualcosa perché credi di doverlo fare. Oppure hai imparato a lasciare andare, perché hai capito che ti fa bene. Che cosa vale per te?

Perché è proprio di questo che si tratta: non di una risposta perfetta, ma di uno sguardo onesto dentro di sé.

Posso capire quando qualcuno dice: «Tutto è temporaneo, finché lo si vuole.» Perché sì, dipende anche dal proprio atteggiamento se si è pronti a lasciare andare oppure se ci si aggrappa. Forse, alla fine, è entrambe le cose: volontà e cambiamento. Puoi decidere per quanto tempo trattenere qualcosa. Ma non puoi impedire che cambi.

E forse è proprio questo il punto: anche se non lasciamo andare, a un certo momento lo fa la vita per noi. Sposta, trasforma, rinnova, in silenzio ma con costanza. Forse hanno ragione entrambe le parti: l'idea che alcune cose restino, e la consapevolezza che tutto si trasforma.

Alla fine, non si tratta di chi ha ragione. Si tratta del fatto che tu dai spazio ai tuoi pensieri. E se, dopo questo capitolo, resti in silenzio per un attimo e ti chiedi che cosa nella tua vita è stato temporaneo o lo è ancora, allora ha raggiunto il suo scopo.

Il tempo è relativo

Albert Einstein disse una volta: «Il tempo è relativo.» Una frase pensata in senso scientifico, ma che vale anche nella vita quotidiana. Il tempo non si percepisce allo stesso modo per tutti. Un'ora dal dentista può sembrare un'eternità.

La stessa ora con una persona amata finisce all'improvviso, come se fossero stati solo cinque minuti. A volte il tempo si dilata. A volte scivola via tra le dita. Quando si aspetta, si trascina. Quando si vive qualcosa di bello, corre.

E a un certo punto ci si ritrova lì e ci si chiede: dove sono finiti tutti quegli anni? Anche nella vita di tutti i giorni lo si vede continuamente. Otto ore in un lavoro che non piace possono sembrare infinite. Otto ore con passione, con gioia, con senso, invece volano via.

Questa consapevolezza a volte mi aiuta a essere più paziente. Perché quando diventa chiaro che il tempo è relativo, molte cose perdono pressione. Si corre di meno. Ci si arrabbia di meno. Si diventa più calmi.

Ci sono state fasi in cui i giorni sembravano pesanti. Preoccupazione, dolore, sovraccarico. E nel mezzo si pensa: non finirà mai. Eppure, è passato. Come passa tutto. Anche le ore difficili sono solo tratti del cammino.

E poi ci sono gli altri tempi. Quelli che si vorrebbe trattenere, perché sono leggeri, caldi, vivi. Ma anche loro passano. Ed è proprio questo che li rende così preziosi. Il tempo è relativo. Scorre. Cambia. Ci mostra sempre di nuovo: nulla resta com'è. Forse è proprio lì il senso. Il tempo non si può trattenere, ma lo si può usare, finché ci appartiene.

Perché il tempo stesso è temporaneo.

Il cellulare

A volte mi chiedo quando abbiamo smesso di ascoltare davvero. Quando abbiamo iniziato a preferire guardare uno schermo invece degli occhi della persona che è seduta proprio davanti a noi. Lo vedo ovunque.

In allenamento, nei caffè, nelle famiglie, nei gruppi di amici. Genitori che, mentre i loro figli fanno sport, fissano il cellulare. Ragazzi che siedono uno accanto all'altro, ma parlano a malapena. Coppie che escono a cena e scorrono in silenzio i loro feed. È come se avessimo disimparato a esserci davvero.

Per scherzo allora dico: «Siete seduti uno di fronte all'altro. Potete parlare. Non dovete scrivervi.» Poi ridono tutti. Il cellulare ormai è molto più di un semplice dispositivo. È sveglia, calendario, fotocamera, centrale messaggi e via di fuga allo stesso tempo. Un compagno costante.

Sempre a portata di mano. Sempre importante. Ed è proprio lì che sta il problema. Mentre siamo continuamente online, spesso ci perdiamo la vita che accade proprio davanti a noi. Una scena dell'allenamento mi è rimasta impressa.

Un bambino mostrava con orgoglio una tecnica appena imparata. Guardò la madre, cercò il suo sguardo. Ma lei stava scrivendo un messaggio. Quando alzò gli occhi per un attimo, il momento era già passato.

Il bambino si girò e continuò. Nessun dramma. Nessuna parola. Solo quel piccolo dolore, che non si vede, ma si sente. E non riguarda solo i genitori. Ormai ne facciamo parte tutti. Quante volte qualcuno è davanti a noi, racconta qualcosa, e noi annuiamo solo a metà. Mezzi presenti.

Mezzi altrove. Quante volte si scorre senza pensarci, invece di guardare il volto vero che è proprio davanti a noi. Dal mio punto di vista, il problema del cellulare non è il dispositivo.

È ciò che c'è sotto. Penso che molti di noi sopportino a fatica il silenzio. Perché il silenzio non è vuoto. Nel silenzio si sente se stessi. E lì non c'è sempre solo pace. Ci sono anche pensieri, pressione, preoccupazioni, questioni irrisolte, a volte perfino solitudine.

Il cellulare rende facile scappare da tutto questo. Un gesto, uno swipe, e non si deve sentire. Il secondo motivo è l'abitudine. Ci siamo abituati a riempire subito ogni piccolo vuoto. Aspettare alla cassa. Stare in auto. Cinque minuti di pausa. Prima era semplicemente tempo.

Oggi è "tempo perso", che viene subito riempito di contenuti. Il terzo motivo è quel costante "devo essere reperibile". Tutto potrebbe essere importante. Tutto potrebbe essere urgente. E proprio così lo si percepisce.

Il cellulare trasforma ogni momento in una piccola prontezza all'allarme. Anche se non succede nulla, nella testa resta: potrebbe arrivare qualcosa. E poi c'è ancora un motivo che a molti non piace: cerchiamo conferme. Un like. Un messaggio. Un segno che si è visti. È umano.

Ma quando se ne diventa dipendenti, si comincia a perdere la vicinanza reale. Si è seduti uno accanto all'altro; eppure, non si è presenti. Alla fine, il problema del cellulare è spesso una protezione. Ci protegge dalla noia, dall'inquietudine, dai sentimenti, dalle conversazioni, dalle decisioni.

Rende la vita più facile, ma anche più piatta. E all'improvviso ci si accorge: sono sempre occupato, ma non davvero connesso. Non con gli altri. E a volte nemmeno con me stesso. E sì, ci casco anch'io. Troppo spesso le dita vanno automaticamente verso il cellulare. Senza motivo. Per abitudine. Per noia. O semplicemente perché distrarsi è diventato così facile.

Eppure, proprio nel silenzio succede qualcosa di importante. Ascoltare davvero. Vedere davvero. Quella sensazione: sono davvero qui. A volte metto il cellulare via, consapevolmente. E allora mi accorgo di quanto tutto diventi silenzioso.

E di quanto, all'improvviso, si percepisca di più quando non c'è più nulla che interferisce. Un sorriso. Uno sguardo. Una conversazione che acquista profondità. Tutto questo c'è. Solo che spesso non lo si vede.

Forse dovremmo ricordarcelo più spesso: nessun post, nessun like, nessun messaggio è più importante della persona che è seduta con noi in questo momento. Perché prima o poi questo momento finisce. E ciò che non è stato vissuto non torna più. Il cellulare può aspettare.

La vita no. Anche l'attenzione è temporanea, e se la regaliamo, dovrebbe accadere consapevolmente.

Che cosa resta?

Alla fine, non resta ciò che possediamo, ma ciò che abbiamo condiviso, insegnato e amato, perché non lasciamo cose, ma tracce: un sorriso, un consiglio, un ricordo, forse un gesto che ha dato forza a qualcuno, o una frase arrivata nel momento giusto al momento giusto.

Molti corrono dietro a questo per tutta la vita: più soldi, più sicurezza, più valore, si lavora, si risparmia, si investe, case, auto, conti, sempre con quella sensazione: se avrò questo, allora sarò al sicuro. Ma alla fine diventa chiaro: nel giorno X nessuno si porta via nulla, in fondo tutto ciò che possediamo è solo per un certo tempo nella nostra vita, denaro, beni, status, successo, è "nostro" in modo temporaneo, solo in prestito, e prima o poi lo si restituisce.

Lo dimentichiamo facilmente, e allora ci aggrappiamo, come se le cose potessero dare sostegno, ma anche loro sono solo compagne per un periodo. Il vero valore non sta nell'avere, ma nell'essere e nel dare.

Forse ciò che "possediamo" non è nemmeno ciò che conta, forse la vera ricchezza è quante persone sono state toccate, quanta amore è stato dato, quante volte qualcuno ha ricevuto speranza, perché queste sono le cose che continuano a vivere quando noi ce ne siamo già andati.

Le cose passano, i ricordi restano, i beni possono essere ereditati, ma non il calore di un sorriso. Quando lo si capisce, molte cose diventano più leggere, allora non conta più quanto c'è, ma quanto si dà, ciò che resta è ciò che abbiamo condiviso.

Tutto il resto era solo temporaneo.

Quando i figli se ne vanno

Prima o poi arriva il giorno in cui il figlio che hai cresciuto se ne va di casa, quel momento che si rimanda a lungo, perché nel profondo si sa: arriverà, eppure sembra come se all'improvviso un pezzo della propria vita facesse la valigia.

Quando il mio ultimo figlio è andato via a diciannove anni, mi guardò e mi chiese: «Che cosa fai adesso senza di me?» La risposta uscì spontanea: «Piango tutto il giorno.»

Ridiamo entrambi, e allo stesso tempo era chiaro: in quella battuta c'è più verità di quanta se ne voglia ammettere. Nelle settimane prima sentii spesso questa domanda: «Come ti senti? Per il trasloco.

Per la nuova città.» E a dire il vero: male.
Era insolito dopo così tanti anni. La casa diventò più silenziosa, la quotidianità più calma, quasi troppo calma, mancava qualcosa che era diventato così naturale, quelle piccole cose di ogni giorno, un rumore nel corridoio, una voce dalla stanza, una frase veloce in cucina.

In quel periodo ero felice di non essere solo. Mia moglie Silvina c'era, mi ha accompagnato in quei giorni, mi ha sorretto quando diventava difficile, e mi ha mostrato di continuo che la vita va avanti. Solo la sensazione di non dover gestire tutto da solo ha fatto molto.
E poi, passo dopo passo, si aggiunse un altro pensiero: anche questo fa parte della vita. I figli non li cresci per trattenerli, ma perché possano andare, ed è proprio lì che sta il senso, per quanto a volte faccia male.

Lasciare andare non significa che non importi, lasciare andare significa avere fiducia in ciò che hai dato loro, e nella vita. Se ripenso al passato, nella vita ci sono stati molti momenti in cui ho dovuto lasciare andare: relazioni, luoghi, persone, lavori, situazioni, spesso faceva male, e ogni volta, a un certo punto, si creava spazio per qualcosa di nuovo.

Qui è lo stesso. Il cuore ha bisogno di tempo per abituarsi, ma cresce con ogni cambiamento. Quella sera, da solo in salotto, tornò questo pensiero che mi accompagna dall'inizio di questo libro: Tutto è temporaneo.

Ma forse proprio lì sta anche la bellezza. Se nulla resta, si impara ad amare il momento, invece di volerlo trattenere.

Quando i figli se ne vanno, resta l'amore, e anche questo dolore è temporaneo.

Il nuovo inizio silenzioso

Con il trasloco di mio figlio iniziò un nuovo capitolo non solo per lui, ma anche per noi a casa. Per lui era una partenza, una vita propria, un nuovo ambiente, un'altra città, una casa tutta sua, volti nuovi, un corso di studi che comincia, un mix di curiosità, eccitazione, libertà e insicurezza.

C'era orgoglio, e allo stesso tempo arrivò quel momento silenzioso: ora è davvero così. Prima del trasloco del nostro diciannovenne, mia moglie e io andavamo regolarmente a Dortmund per aiutarlo: ristrutturare l'appartamento, montare i mobili, sistemare la cucina, dipingere le pareti, riparare piccole cose.

Questi viaggi ci tenevano occupati, davano struttura al passaggio, eravamo ancora nel mezzo, avevamo un compito, e si sentiva: lo accompagniamo. E poi, all'improvviso, fu così: ora lui vive lì, e noi viviamo qui.

D'un tratto c'era più spazio, più ordine, più calma, e proprio questo all'inizio era insolito. Non erano solo le cose grandi, erano le piccole. Le scarpe nel corridoio erano improvvisamente solo in due paia.

Di notte, in casa, la luce restava più spesso spenta. Nessuno gridava più dalla stanza: «Puoi un attimo...» Nessuno veniva in cucina solo per prendere qualcosa al volo e intanto fare una battuta.

Quando facevamo la spesa, le borse si riempivano più lentamente, gli scontrini diventavano più corti, e allo stesso tempo lo sguardo cadeva su altre cose. Compravamo in modo diverso, pensavamo in modo diverso, pianificavamo in modo diverso.

Questi cambiamenti accadono in silenzio, senza che te ne accorga, finché a un certo punto ti accorgi: questa è la nostra nuova quotidianità.

All'inizio questa calma a volte era bella, e a volte aveva qualcosa che somigliava alla nostalgia, non grave, solo nuovo, un silenzio che lascia spazio: ai pensieri, ai ricordi, a quel breve voltarsi indietro: ti ricordi com'era prima.

Con il tempo diventò chiaro: anche questo è un nuovo inizio, non solo per il figlio, ma anche per noi. Tempo che prima era naturalmente riempito dalla famiglia, ora si riempie lentamente in un altro modo: passeggiate, conversazioni, quiete condivisa, più noi.

Eppure, la famiglia non scompare, cambia solo forma. Dal vivere insieme ogni giorno nasce un altro modo di stare insieme. Da «vieni un attimo» diventa «chiama un attimo». Dalla quotidianità diventa una visita che si aspetta con gioia.

Dalla vicinanza diventa fiducia. A volte guardo lo spazio dove prima c'era più vita e penso: quanto è andato tutto veloce, e poi torna l'orgoglio, perché ciò che abbiamo dato regge. Nostro figlio fa la sua strada, e noi facciamo la nostra.

Forse è questo il passo successivo: non meno famiglia, ma un'altra forma di famiglia. Ora si tratta di guardare avanti, non trattenere, ma accettare, restare aperti a ciò che viene, al nuovo, al cambiamento, alla vita stessa.

Voglio vivere ciò che la vita dona nel modo più consapevole possibile: non correre, non affrettarmi, vedere, sentire, ascoltare, vivere, così che un giorno possa guardare indietro e pensare con un sorriso: Sì. È andata bene così.

Anche se era solo temporaneo...

Il cammino verso il primo libro

Il mio primo libro, «Die Kunst des Wing Chun», non è stato un progetto nato semplicemente così. È stato un lungo percorso: dieci anni di lavoro, dubbi, pause, ripartenze, piccole vittorie e grandi domande, dieci anni in cui spesso arrivava il pensiero: dove dovrebbe portare tutto questo.

Ci sono stati periodi pieni di energia, idee senza fine, entusiasmo: ero seduto alla scrivania e i pensieri scorrevano, pagina dopo pagina nasceva qualcosa che sembrava giusto. E poi arrivavano gli altri giorni.

La testa vuota, la quotidianità sul collo, o semplicemente nessuna voglia. Allora comparivano le domande: per chi è questo libro, quali temi devono entrarci, come devono essere costruiti i capitoli, quali disegni, foto ed esempi sono davvero adatti.

A volte scrivevo le prime righe, le rileggevo il giorno dopo e cancellavo tutto, poi il progetto restava fermo per settimane, finché un nuovo pensiero, un'esperienza o una conversazione mi riportava alla scrivania.

In quel periodo mi diventò chiaro: l'ispirazione non arriva sempre da sola. A volte bisogna restare seduti, anche quando le parole non scorrono. A volte la disciplina è più importante della motivazione.

E a volte basta una piccola scintilla perché il fuoco torni a bruciare. Arrendersi non è mai stato il mio stile, non lo è da decenni. Resistere fa parte dell'arte, non solo nel Wing Chun, ma anche nello scrivere.

Entrambe le cose richiedono pazienza, chiarezza e dedizione. Oggi tengo «Die Kunst des Wing Chun» tra le mani, e quando ripenso a quei dieci anni so: ogni ora, ogni dubbio, ogni pausa aveva il suo senso. È stato un processo, non uno sprint, un viaggio che mi ha formato: come insegnante, come persona, come autore. E come tutto nella vita, anche questo tempo non è stato infinito. Le lunghe ore alla scrivania, le notti insonni, il continuo avanti e indietro nella testa, tutto questo era solo una fase.

Forse è proprio questa la cosa più bella: che qualcosa che ha richiesto così tanto tempo oggi esiste, in parole, in pensieri, nelle mani di chi lo legge. Perché anche la fatica passa, ma ciò che creiamo può restare. È stato duro. È stato istruttivo.

È stato temporaneo.

Benedetto poter fare ciò che amo

A volte si guarda la propria vita e ci si chiede come sia arrivato tutto a questo punto, e allora riaffiorano gli inizi: piccole sale d'allenamento, condizioni semplici, giorni in cui a lezione c'era solo una manciata di allievi.

Allora il Wing Chun era soprattutto passione, più cuore che piano, si trattava di allenarsi, di capire, di migliorare, e di trasmettere questa splendida arte marziale. Oggi, molti anni dopo, c'è soprattutto gratitudine, e sì, anche un po' di orgoglio, non perché tutto sia stato perfetto, ma perché da qualcosa di piccolo è nato qualcosa di vero.

Da un hobby è nata una vocazione, da un'idea una scuola, e dagli allievi col tempo una specie di famiglia, persone che condividono la stessa passione e si spronano a vicenda. E anche questo è temporaneo, non nel senso di "finisce", ma nel senso che cambia. Una vocazione raramente resta esattamente uguale, cresce, diventa più silenziosa o più grande, ma resta viva.

Dal 1995 si insegna, molte cose sono cambiate, ma l'essenziale è rimasto: la gioia di insegnare, il brillare negli occhi quando qualcuno capisce all'improvviso, e quell'energia speciale che c'è in un buon allenamento.

Forse, caro lettore, ti poni proprio questa domanda: come si trova la vocazione e il coraggio di fare ciò che si ama, nonostante alti e bassi. Prima di risponderti, ti lascio una saggezza cinese: «Se vuoi essere felice per un'ora, fai un sonnellino. Se vuoi essere felice per un giorno, vai a pescare.

Se vuoi essere felice per un anno, eredita una fortuna. Se vuoi essere felice per tutta la vita, aiuta gli altri.» Proverbio cinese Hai letto fin qui e ormai mi conosci un po'. "I soldi non sono tutto", dice il detto popolare, e se colleghi questo all'idea che alla fine è tutto solo in prestito, la direzione diventa chiara. Aiutare gli altri vale di più.

È impagabile, ed è duraturo, perché le persone che aiuti non solo sono felici, crescono, e questo è il bello dell'aiutare: lasci impronte, segni, qualcosa di vero, qualcosa che non si può compensare con il denaro.

Per me il Wing Chun è iniziato come hobby, semplicemente per passione, poi col tempo sono diventati sempre di più quelli interessati ad allenarsi, è cresciuto, è diventato più intenso, e a un certo punto arrivò il momento in cui dovetti prendere una decisione.

Perché in quel periodo ero lavoratore autonomo nel servizio esterno, di quella fase racconterò di più nel volume 2 di questa serie, ma una cosa qui va detta: insieme, le due cose non funzionavano più, la giornata non era abbastanza lunga.

Nel 2000 mi trovai davanti a una scelta: continuare un lavoro ben pagato con possibilità eccezionalmente buone, oppure concentrarmi completamente sulla scuola di arti marziali, con aspettative di guadagno decisamente più basse.

Che cosa ho scelto lo sai già, e non me ne sono mai pentito. Quanto al coraggio, mi sono posto una domanda molto semplice: che cosa può succedere nel peggiore dei casi.

Il coraggio non significa che non hai paura, il coraggio significa che parti lo stesso, perché sai: anche la paura è temporanea, non resta, ma ciò che costruisci può restare.

Certo, la responsabilità c'era: affitto, spese private, spese dell'attività, tutto doveva funzionare, ma se non fosse bastato avrei fatto lavoretti o cercato altre fonti di reddito, perché chi vuole davvero lavorare trova lavoro. E sì, la verità è che per uno o due anni ho dovuto davvero guadagnare soldi extra per tenere la scuola stabile, ed è stato duro.

Oggi lo so: il difficile sembra sempre "per sempre", ma non lo è, è solo una fase, e proprio questa consapevolezza mi ha spesso portato attraverso i giorni successivi. Ma vedere ogni giorno quei volti felici, vivere la coesione di bambini, ragazzi e adulti, sentire che qui sta nascendo qualcosa che fa bene alle persone, valeva lo sforzo.

E inoltre, beh: arrendersi non è mai stato il mio stile. Con il gruppo, che sembra una seconda famiglia, nel frattempo sono stati vinti oltre 40 titoli di campione del mondo. Quando ai tornei si vede come gli allievi mettono in pratica ciò che è stato costruito insieme, è una sensazione forte, non solo per le medaglie, ma perché diventa chiaro: l'allenamento funziona, il lavoro vale la pena, le persone crescono.

Perché il successo non è un caso. Dietro ci sono disciplina, fiducia, coesione, e tantissima ripetizione, anche nei giorni in cui non se ne ha voglia. È un regalo poter fare ciò che si ama. Molte persone lavorano per anni in mestieri che non le realizzano, sognano, ma non fanno il passo.

Qui c'è stata questa fortuna, e resta qualcosa per cui nasce una vera gratitudine. Negli ultimi anni si è aggiunto anche qualcos'altro: scrivere, prima erano piccole note, pensieri, frasi, poi è diventato di più, non come sostituzione, ma come integrazione, un altro modo di condividere ciò che muove.

L'insegnamento resta al primo posto, ma lo scrivere aiuta a mettere ordine, riflettere e a volte anche lasciare andare. Quando si guarda indietro non si vedono solo successi, si vedono anche battute d'arresto, deviazioni, fasi dure, e proprio quelle spesso hanno formato di più.

E mentre queste righe nascono, una cosa torna chiara: anche questo tempo, per quanto bello sia adesso, un giorno sarà un ricordo.

Tutto è temporaneo, e forse è proprio questo il regalo più grande.

Riflessione finale

Quando oggi guardo indietro, mi stupisco di quanto in fretta sia passato tutto. Come padre di tre figli ho potuto vivere tempi molto diversi: fasi in cui due dei miei figli c'erano quasi solo nei fine settimana, e più tardi anni in cui ho cresciuto un figlio da solo, mentre gli altri due erano già adulti.

Ognuno di questi periodi era diverso, e ognuno era prezioso a modo suo. Ci sono quei fine settimana che aspetti per tutta la settimana: risate, gite, piccole avventure, serate di film, conversazioni, a volte serie, a volte sciocche, e quando arriva la domenica sera ti chiedi ogni volta: dove è finito il tempo. P

iù tardi, quando sono tornato a essere padre di un bambino piccolo, mi è diventato davvero chiaro quanto siano preziosi questi attimi: quando un bambino dorme, ride, fa domande o è semplicemente lì.

Sono momenti che non si avranno mai più esattamente così. Passano piano, quasi inosservati, e a un certo punto c'è davanti a te un giovane che percorre la sua strada.

Col tempo ho imparato a non contare i giorni, ma a sentirli; a non aspettare che i figli diventino finalmente grandi, ma a vivere l'attimo in cui sono piccoli, perché ciò che oggi sembra scontato, domani è già un ricordo.

I genitori pianificano molto: lavoro, appuntamenti, impegni. I bambini vivono nel presente. Per loro non conta quante cose hai fatto, conta se ci sei. E proprio questo, per me, è il regalo più grande che si possa fare ai propri figli: tempo.

Il capitolo successivo

Tempo fa mi fecero una domanda: «Quando è davvero finito un libro del genere?» Dovetti sorridere, perché la domanda, a prima vista, sembra semplice, ma non lo è, perché quando è davvero finito qualcosa: una casa, una relazione, una fase della vita, un pensiero.

La risposta più onesta è spesso: mai del tutto, perché tutto cambia, perché cambiamo noi, e perché la vita porta sempre nuovi punti di vista, ed è proprio per questo che questa frase qui ci sta bene: Tutto è temporaneo, persino la sensazione di "finito".

Quando nacquero le ultime righe, mi resi conto: una fine raramente è una vera fine, è piuttosto una sosta, un momento per guardarsi indietro, respirare e lasciare che qualcosa faccia effetto.

Scrivendo, più di una volta mi venne il pensiero: questo è l'ultimo capitolo, e poi spuntò di nuovo qualcosa: un ricordo, una conversazione, una situazione, e all'improvviso c'era ancora un tema che ne faceva parte.

Eppure, a un certo punto, bisogna prendere una decisione: per questo momento è concluso, non perché non ci sia più nulla da dire, ma perché è tempo di fare una pausa, perché come nella vita, anche nello scrivere vale: ogni storia ha bisogno d'aria.

Questo libro, per me, non vuole essere un "lavoro finito" che si chiude e si mette via, è piuttosto un dialogo, tra me e te. Forse leggendo hai pensato a esperienze tue, forse ti è tornato in mente qualcosa che era lontano da tempo, forse ti è salito un pensiero che vorresti condividere, ed è proprio questo che desidero: che il libro non resti fermo all'ultimo punto, ma continui dentro di te, per questo un invito.

Se hai vissuto una storia che si adatta a questo tema, qualcosa che ti ha mostrato quanto tutto possa essere effimero, o un momento che ti ha toccato profondamente, allora scrivimi, magari solo poche parole chiave, magari una piccola storia, magari solo un pensiero: da contributi così può nascere il volume 2, una raccolta di momenti veri, dalla vita, di persone come te.

Leggerei le testimonianze, le sceglierei e ne formerei nuovi capitoli, così come ho fatto anche qui, e se vuoi, il tuo nome può essere menzionato nel prossimo libro, non come grande titolo, semplicemente come segno che le parole uniscono e che i pensieri vengono portati avanti.

Perché questo libro non è solo il mio progetto, è anche un pezzo di vita condivisa, divisa in parole, esperienze e sentimenti. Tutti portiamo dentro storie che possono aiutare gli altri a vedere la vita in modo più leggero, a volte sono piccole cose: una frase, uno sguardo, un incontro, e all'improvviso dentro si sposta qualcosa.

Una storia che mi ha toccato molto è arrivata da mio fratello minore: un padre era sempre impegnato, con la testa sempre al lavoro. Un bambino andò da lui e chiese: «Papà, quanto guadagni all'ora?» Il padre si sentì disturbato e rispose in breve: «20 euro.»

Il bambino andò via, poi tornò e chiese piano: «Papà, mi puoi prestare 10 euro?» Il padre si irritò: «A cosa ti servono, hai appena ricevuto la paghetta.» Il bambino disse: «I 10 euro li ho già, se mi presti 10 euro, ne ho 20.» Il padre non capiva dove volesse arrivare, e allora il bambino disse: «Allora posso comprarmi un'ora del tuo tempo.» Questa frase resta lì, perché è così semplice, e perché mostra di che cosa si tratta davvero alla fine.

Se vuoi mandarmi i tuoi pensieri, le tue idee o brevi esperienze, puoi farlo via e-mail: book@ml-publishing.com.

Forse poi ti ritroverai nel prossimo libro, in un capitolo ispirato dalla tua vita, perché questo libro non finisce davvero qui, continua, in te, in me, in tutte le storie che vogliono ancora essere raccontate, e la cosa più bella è questa: ci ricordiamo a vicenda ciò che conta davvero.

Anche questa fine è solo temporanea.

A volte più lungo, a volte più corto

A volte aiuta non vedere la vita come un unico grande blocco, ma come tanti piccoli capitoli. Se siamo sinceri, la nostra vita è fatta di passaggi, da una fase all'altra, a volte morbidi, a volte duri, a volte pianificati, a volte improvvisi, ma alla fine è sempre un cambiamento.

Nascita, asilo, scuola primaria, scuola secondaria, formazione o università, primo lavoro, secondo lavoro, magari una riqualificazione, un corso di aggiornamento, nuovi colleghi, nuove regole, nuove preoccupazioni, nuove opportunità.

E allo stesso modo va anche nella vita privata. Prima relazione, seconda relazione, magari una separazione, magari un nuovo inizio, magari il grande amore, magari anche una deviazione che fa male, ma alla fine rende più forti.

Poi ci sono le fasi che non si desiderano mai e che arrivano lo stesso: una malattia, un'operazione, una paura vera, o semplicemente il momento in cui ci si rende conto: la salute non è scontata.

Prima casa, seconda casa, un trasloco, una nuova casa, nuovi vicini, nuove strade, e anche le cose belle: prima vacanza, seconda vacanza, posti nuovi, ricordi nuovi. Se la si guarda così, diventa chiaro: nulla di tutto questo è per sempre.

Alcune cose durano solo settimane, altre si trascinano per anni, ma anche gli anni a un certo punto finiscono, e quando poi si guarda indietro spesso ci si accorge: era "solo" una fase. Credo che questa sia una delle intuizioni più importanti nella vita.

Perché quando ci sei dentro, spesso sembra che non finisca mai, sia che sia bello o difficile. Il bello lo vorresti trattenere, il difficile lo vorresti via subito, ma nessuna delle due cose funziona.

Il bello non resta per sempre, e il difficile a volte sembra eterno, ma anche quello passa. Entrambi sono temporanei. E non lo dico in modo freddo o indifferente, lo dico in modo consolante, perché dà respiro.

Se in questo momento stai attraversando un periodo difficile, ricordati: è una fase, non tutta la tua vita. E se in questo momento stai attraversando un buon periodo, ricordati allo stesso modo: anche questo è una fase, goditelo, sii presente, perché anche il bene prima o poi va oltre.

Molti vivono come se tutto fosse definitivo. Un litigio diventa una catastrofe, un errore diventa la fine del mondo, una brutta notizia diventa subito paura del futuro.

Eppure, lo sappiamo tutti: abbiamo già superato così tanto. Se guardo la mia vita, vedo proprio questo. Ci sono stati tempi in cui pensavo: non si resiste, e oggi sono ricordi. E ci sono stati momenti così belli che li avrei voluti congelare, e oggi sono immagini nella testa che scaldano.

Tutto è andato avanti, fase dopo fase. Forse è un buon modo di guardare la vita, non per renderla piccola, ma per prenderla con più leggerezza. Perché così nasce meno pressione.

Non si può controllare tutto, non si può trattenere tutto, non si può impedire tutto, ma si può vivere con consapevolezza. Ci si può chiedere più spesso: in quale fase mi trovo adesso, che cosa è importante, che cosa mi fa bene, che cosa non mi fa bene, che cosa posso cambiare e che cosa no.

E a volte basta una sola frase per diventare più calmi: è solo una fase. Quando si guarda al proprio passato, quasi sempre ci si accorge: che fosse un bel periodo o un periodo difficile, alla fine era "solo" una fase, a volte più lunga, a volte più corta, ma non tutta la vita. Ed è proprio per questo che vale la pena prendere sul serio il momento, ma non troppo pesantemente, **perché anche questo momento è temporaneo.**

Relazione di coppia

In questo libro parlo della mia moglie Silvina in modo più approfondito solo adesso, e c'è un buon motivo. Tutto ciò di cui ho scritto finora appartiene al passato: pensieri, esperienze, ricordi, momenti che sono passati, un battito di ciglia nell'eternità. Con Silvina è diverso.

Questo non è un ricordo, non è una vecchia storia. Questo è adesso. Mentre queste righe vengono scritte, vive, respira, esiste. Ed è proprio per questo che non volevo infilare questo capitolo da qualche parte tra gli altri.

Qui, alla fine, sta da solo, come ciò che resta. E forse questo dice già tutto: non a caso l'ho salvata nel mio telefono come "La Mujer de mi Vida" – "la donna della mia vita" – perché per me non è solo romanticismo, è arrivare, è calma, è quella sensazione che finalmente qualcosa combacia.

Una vera relazione di coppia non si vede nei giorni in cui tutto è facile. Si vede quando la vita ti mette alla prova. Silvina è entrata nella mia vita quando avevo già tanto alle spalle. Avevo vissuto molto, portato molto, e passato anni da solo con il mio figlio più piccolo.

Per dieci anni sono stato padre e madre allo stesso tempo. Poi è arrivata lei. E all'improvviso c'era qualcuno che non vedeva solo me, ma anche mio figlio. Quando è arrivato l'outing, non è stato un percorso semplice.

Ma Silvina è stata al nostro fianco fin dall'inizio. Senza esitazioni, senza condizioni, con il cuore aperto e una comprensione autentica. Nessuna domanda, nessuna pressione, nessun "perché". Solo presente.

Con amore, calma e forza. Negli anni a partire dal 2021 ci ha sostenuti come poteva e spesso mi ha coperto le spalle. Mi ha dato la pace di cui avevo bisogno per ricominciare a scrivere. Anni prima ancora di conoscerci, avevo iniziato a lavorare a "Die Kunst des Wing Chun".

Ma non andavo davvero avanti, perché mi mancava proprio questo: pace. Con lei, è cambiato. Ha creato spazio per i miei pensieri, mi ha lasciato lavorare in silenzio e ha capito che la creatività ha bisogno di tempo.

Nessuna spinta, nessun fastidio. Solo quel quieto "vai avanti". Ma la nostra relazione non era fatta solo di parole. C'erano anche sudore e polvere. Insieme abbiamo comprato una casa di 120 anni che doveva essere completamente ristrutturata.

Nove mesi di lavoro. Niente fine settimana, niente giorni festivi, niente Natale. Mentre altri si godevano il tempo libero, noi stavamo nella polvere. Vernice sulle mani, muscoli indolenziti nelle braccia. Abbiamo fatto da soli circa il 90 per cento: intonacare, stuccare, dipingere, posare i pavimenti, costruire muri.

Spesso fino a tarda notte. E Silvina era alla mia altezza in tutto. Ha dato una mano dove altri avrebbero rinunciato da tempo. Anche quel periodo è stato duro. Ma, come tutto nella vita, è stato temporaneo.

Oggi viviamo in una casa accogliente. E ogni parete, ogni pavimento porta dentro di sé il nostro lavoro condiviso. È come sentirsi arrivati. Questo, per me, è una vera relazione di coppia: non grandi parole, ma azioni.

Non solo amore nei tempi buoni, ma solidarietà quando diventa difficile. E se tu, come me, hai già alle spalle diverse relazioni o matrimoni falliti, non smettere di cercare. Voglio credere che per ogni persona esista una controparte: qualcuno che ti ama, ti completa, qualcuno con cui cresci e costruisci qualcosa. Forse non perfetto, ma adatto.

Forse non rumoroso, ma vero. Forse stai pensando proprio adesso, caro lettore: "Come, e con Silvina non è temporaneo? Pensavo che tutto fosse temporaneo."

E la risposta è: certo che anche quello che ho con Silvina è temporaneo. Come tutto. È solo che, se tutto continua come è andato finora, prima uno di noi dovrebbe lasciare questo mondo perché, guardando indietro, si possa davvero dire: "È stato temporaneo." E speriamo che questo non accada per decenni.

Fino ad allora, per me, conta semplicemente questo: stare insieme, tenersi, andare avanti insieme, ridere insieme, vivere insieme, nel migliore dei modi possibili, finché è possibile. Sono grato che Silvina faccia parte della mia vita.

Non perché abbia sempre reso tutto più facile, ma perché ha reso tutto più reale. Grazie, Silvina. Per la tua calma.

Per la tua forza. E per tutto ciò che davvero non si può descrivere con le parole.

Pensiero conclusivo

Quando guardo indietro alla mia vita, vedo gioia e dolore, successi e sconfitte, amore e addii, come un percorso fatto di salite e discese, eppure riconosco soprattutto una cosa: movimento.

Nulla è rimasto com'era, e col senno di poi spesso è stato persino un bene. Col tempo ho imparato a non prendere la vita così pesantemente, ad arrabbiarmi di meno per cose che non posso cambiare, e a godere in modo più consapevole di ciò che c'è adesso.

Siamo tutti parte di questo grande flusso che si chiama vita, a volte calmo, a volte tempestoso, ma sempre in movimento. Non possiamo fermarlo, possiamo solo imparare a scorrere con lui.

E se siamo sinceri, alla fine non sono i grandi traguardi a contare. Sono i piccoli momenti: uno sguardo, una risata, una frase al momento giusto, una persona che c'è, una mano sulla spalla, un attimo di silenzio in cui ti accorgi: questo basta.

Forse è proprio questa la vera forza: non voler controllare tutto, non dover combattere ovunque, ma riconoscere quando è il momento di lasciare andare.

Ed è proprio questa l'essenza di questo libro, e forse anche della vita stessa: non prenderla così pesantemente, goditi di più, resta più spesso nel presente, perché anche questo momento è temporaneo.

Perché tutto è temporaneo.

Anteprima del Volume 2

Il volume 2 è in fase di pianificazione. Questi sono i primi titoli di lavoro. Forse cambierà ancora qualcosa, ma la direzione mi sembra quella giusta.

- Suzi l'anatra
- Biglie
- Contatti sociali
- L'ago
- Vuoi metterti con me?
- I re della morte (Kings of Death)
- Fratellini
- Gli anni '80
- La scintilla d'inizio: Wing Chun
- Jennifer Lopez
- Betty Polpetta.
- All'improvviso patrigno
- Il lavoro sul campo
- Patrigno II

Ringraziamenti

Probabilmente nessuno scrive un libro da solo. Anche se molte ore alla scrivania sembrano silenziose e solitarie, un'opera del genere nasce sempre grazie a incontri, conversazioni, ricordi e alle persone che si incontrano lungo il cammino.

Grazie, Silvina, mi Amor. Per la tua pazienza, la tua comprensione e il tuo amore. Mi hai sostenuto in fasi in cui ho dubitato, mi hai dato calma quando ne avevo bisogno, e sei stata presente, senza spingere, senza condizioni, semplicemente presente.

E siccome sei così colta, e la sera quasi mai ti si vede senza un libro, hai potuto darmi sempre di nuovo il tuo punto di vista da lettrice. Proprio questo mi ha aiutato a rendere questo libro più piacevole da leggere: più chiaro, più rotondo, più vicino alle persone.

Grazie ai miei figli. Con il vostro semplice esserci mi avete insegnato tantissimo: sulla pazienza, sulla responsabilità e su ciò che nella vita conta davvero. Molti pensieri di questo libro sono nati da momenti vissuti con voi: eravate e siete la mia ispirazione.

Grazie ai miei amici, ai miei allievi, a tutti i compagni di strada e ai lettori. Per le conversazioni, le domande, la motivazione, e a volte anche per aver messo in discussione. Ogni incontro ha lasciato tracce, e molte di queste tracce sono dentro questo libro.

Un ringraziamento speciale va a Dr. Ramona Lorenz per la revisione e lo sguardo lucido per i dettagli. Con la sua precisione scientifica e il suo modo tranquillo, ha fatto davvero bene al mio libro.

Sull'autore

Mario Lopez vive a Duisburg con sua moglie Silvina. Scrive come vive: in modo diretto, sincero e senza troppi fronzoli. Quando non insegna o non scrive, sta volentieri con la famiglia e gli amici, gioca a biliardo o va in moto. Si gode il momento e si ricorda sempre, ancora e ancora:

Tutto è temporaneo.

Consiglio di lettura

The Explosive Art of Close Range Combat – di Randy Williams Sei volumi con applicazioni, tecniche e riflessioni sul Wing Chun. Close Range Combat Wing Chun – di Randy Williams

Tre volumi per lo sviluppo e l'approfondimento del sistema Wing Chun.

Il mio regalo per una piacevole disassuefazione dal fumo – di Peter Kruse Divertente, motivante, senza il dito puntato.

L'arte del Wing Chun – di Mario Lopez Il mio primo libro con oltre 100 QR code che conducono direttamente ai video. Ideale per principianti, praticanti avanzati e istruttori.

Grazie

Se sei arrivato fin qui, allora ti ringrazio. Forse ti sei ritrovato in alcune righe, forse hai pensato a qualcuno, forse hai sorriso leggendo un capitolo o sei rimasto in silenzio per un attimo.

È proprio per questo che ho scritto questo libro. Non per dirti come dovresti vivere, ma per ricordarti che molte cose diventano più leggere quando si capisce: tutto cambia.

Se in questo momento stai attraversando un periodo difficile, ti auguro forza e pazienza, anche questo passerà. E se in questo momento stai vivendo un bel periodo, ti auguro di assaporarlo nel presente, con attenzione e gratitudine, perché proprio questi attimi diventano ricordi così in fretta.

Abbi cura di te, e non dimenticare, ogni tanto, di essere semplicemente lì.

Tutto è temporaneo.

Mario Lopez

www.ingramcontent.com/pod-product-compliance
Lightning Source LLC
LaVergne TN
LVHW051009080826
845145LV00009B/2531